汽车电器设备构造与维修

主　编　秦　航　杨良根

副主编　卢能芝　王　建

重庆大学出版社

内容简介

本书根据当前职业院校课程改革的形式,采用了项目、任务的编写模式,全面系统地介绍了汽车电器设备构造与维修技术,全书包括七个部分:项目一汽车电气系统基础、项目二蓄电池、项目三发电机、项目四起动机、项目五照明与信号系统、项目六汽车仪表、项目七汽车辅助电气设备。本书既详细介绍了各系统的功用、类型、结构、工作原理和检修方法的理论知识,又同时开展认知、使用、拆装、检测实训项目,并且配有实训操作视频二维码,学生扫码即可观看相关实训视频,从而更好地理解理论知识,熟练操作步骤,降低了设备损耗,提升学生学习兴趣。

全书图、文、视频一体化,线上线下学习一体化、理论与实操相结合,拓展了学习空间,提升了学习效率。本书可作为职业院校汽车类专业教学用书及从事汽车维修专业的工程技术人员、汽车维修技术工人和汽车爱好者自学用书。

图书在版编目(CIP)数据

汽车电器设备构造与维修／秦航,杨良根主编. —
重庆:重庆大学出版社,2020.7
ISBN 978-7-5689-1504-5

Ⅰ. ①汽… Ⅱ. ①秦… ②杨… Ⅲ. ①汽车—电气设备—构造②汽车—电气设备—车辆修理 Ⅳ. ①U472.41

中国版本图书馆 CIP 数据核字(2020)第 102630 号

汽车电器设备构造与维修

主 编 秦 航 杨良根
副主编 卢能芝 王 建
策划编辑:范 琪
责任编辑:陈 力 版式设计:范 琪
责任校对:关德强 责任印制:张 策

*

重庆大学出版社出版发行
出版人:饶帮华
社址:重庆市沙坪坝区大学城西路 21 号
邮编:401331
电话:(023)88617190 88617185(中小学)
传真:(023)88617186 88617166
网址:http://www.cqup.com.cn
邮箱:fxk@ cqup.com.cn(营销中心)
全国新华书店经销
重庆巍承印务有限公司印刷

*

开本:787mm×1092mm 1/16 印张:10.25 字数:265千
2020 年 7 月第 1 版 2020年7月第 1 次印刷
ISBN 978-7-5689-1504-5 定价:35.00 元

前　言

　　进入 21 世纪后,汽车工业不断发展成熟,汽车电子技术运用日益广泛,计算机和芯片在汽车上的运用日益增多,新技术应用也越来越多,如何更好地掌握汽车电器电子系统的新技术、新知识对教师和学生来说也是一项严峻的考验。同时,随着信息技术的不断发展,如何将先进的信息网络技术与教学相结合,推出线上线下、理实一体的混合式教学模式,成为我们亟需研究的课题。

　　根据汽车售后服务市场人才的技能需求,并结合当前职业院校人才培养目标,本书采用了项目、任务的编写模式,全面系统地介绍了汽车电器设备构造与维修技术,包括 7 个项目:汽车电气系统基础、蓄电池、发电机、起动机、照明与信号系统、汽车仪表、辅助电气设备,既详细介绍了各系统的功用、类型、结构、工作原理和检修方法的理论知识,同时又开展认知、使用、拆装、检测实训项目,并配有实训操作视频二维码,学生扫码即可观看相关实训操作视频后再进行相关后操作,从而能更好地理解理论知识,熟练操作步骤,降低设备损耗,提升学习兴趣,更好地掌握汽车电器设备的构造和维修知识。全书图、文、视频一体化、线上线下学习一体化、理论与实操相结合,拓展了学习空间,提升了学习效率。

　　本书由江西制造职业技术学院秦航、杨良根任主编,江西制造职业技术学院卢能芝、江西应用技术职业学院王建任副主编。其中项目 1 由杨良根编写,项目 2、3 和项目 7 由秦航、王建编写;项目 4 的任务 1、2 由方友勇编写、任务 3、4 由朱敏编写;项目 5 由高加泉编写;项目 6 由卢能芝编写。

　　在本书编写过程中参阅了许多国内外公开出版与发表的文献,在此对这些文献的作者表示感谢。由于编者能力有限,书中难免存在疏漏之处,恳请读者提出宝贵意见。

编者

2020 年 3 月

目录

项目 1
汽车电气系统基础

一、知识目标

1. 掌握汽车电器电路设备的结构、作用及分类。
2. 掌握汽车电器电路设备的工作原理。
3. 掌握汽车电器电路设备的故障分析与检测。

二、技能目标

1. 能正确描述汽车电器电路设备的结构、作用和工作原理。
2. 能描述常用汽车电器设备在车上的安装位置。
3. 会对汽车电器电路设备进行拆装、检查和性能检测。
4. 能够识读汽车电器设备的电路图。

任务 1 汽车电器电路基础

一、电路特点

(一)单线制

所谓单线制就是利用汽车发动机和底盘、车身等金属机件作为各种用电设备的共用连线,俗称搭铁,而用电设备到电源只需另设一根导线。任何一个电路中的电流都是从电源的正极出发经导线流入用电设备后通过金属车架流回电源负极而形成回路,如图 1-1 所示。

采用单线制不仅可以节省材料使电路简化,而且便于安装和检修,从而降低故障率。但在一些不能形成可靠回路或需要精确电子信号的回路应采用双线制。

(二)负极搭铁

所谓搭铁就是采用单线制时将蓄电池的一个电极用导线连接到发动机或底盘等金属车体上。若蓄电池的负极连接到金属车体上称为负极搭铁,如图 1-2 所示。反之,若蓄电池的正极连接到金属车体上则称为正极搭铁。我国标准中规定汽车电器必须采用负极搭铁。目前世界各国生产的汽车也大多采用负极搭铁方式。

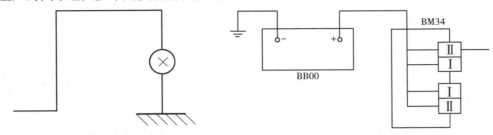

图 1-1　单线制示例　　　　　　　　　图 1-2　负极搭铁

（三）两个电源

所谓两个电源就是指蓄电池和发电机这两个供电电源,具体如图 1-3 所示。蓄电池是辅助电源,在汽车未运转时,向有关电器设备供电;发电机是主电源,当发动机启动运转后,发电机转速达到规定的发电转速时,开始向有关电器设备供电,同时对蓄电池进行充电。两者互补,可以有效地使电器设备在不同的情况下都能正常工作,同时也延长了蓄电池的供电时间。

（a）蓄电池　　　　　　　　　　（b）发电机

图 1-3　电源

（四）设备并联

电器设备都采用并联方式与电源连接,每个用电设备都由各自串联在其支路中的专用开关控制,互不产生干扰。所谓设备并联就是指汽车上的各种电器设备之间,正极接正极,负极接负极,并联连接。

（五）低压直流供电

汽车电器设备采用低压直流供电,柴油车大多采用 24 V 直流电压供电,汽油车大都采用 12 V 直流电压供电。

二、电路组成

汽车电器系统主要由电源、用电设备和中间装置组成,如图 1-4 所示。

（一）电源

汽车电器设备所使用的电源是直流电源,它来自蓄电池或发电机。由蓄电池、发电机、调节器及充电状态指示装置、开关和导线等连接而成的电气系统称为电源系统,如图 1-5 所示。发动机启动时,蓄电池向起动机供电;发电机正常运转时,由发电机向用电设备供电并向蓄电池充电。为保证发电机输出的电压稳定,通常装有电压调节器,在一定范围内防止因电压起伏过大而烧毁电器设备。

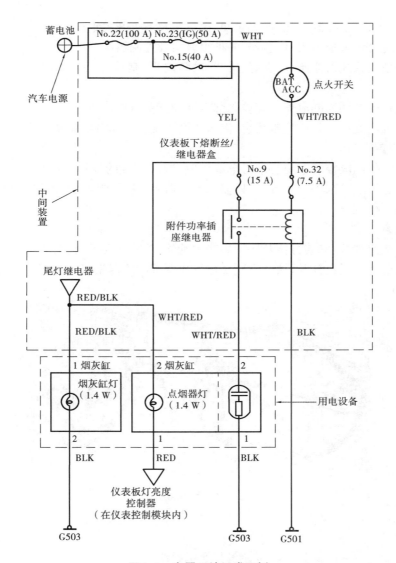

图 1-4　电器系统组成示例

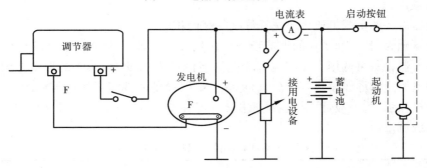

图 1-5　电源系统

（二）用电设备

①启动系统由起动机、启动继电器、启动开关及启动保护装置组成。

3

②点火系统由电子控制单元、点火线圈、火花塞及点火开关组成。

③仪表系统由仪表指示表、传感器、各种报警器及控制器组成。

④照明与信号系统由前照灯、雾灯、示宽灯、转向灯、制动灯、倒车灯及其控制继电器和开关等组成。

⑤辅助装置由各种辅助电器及其控制继电器和开关组成。

⑥其他装置由发动机电子控制系统、汽车空调系统和汽车音响系统等组成。

（三）中间装置

任何电器设备和电控装置要想获得电源供应，中间装置的连接必不可少。常见的中间装置有汽车线束、开关装置、保险装置、连接器和继电器等，这些中间装置的选用和装配直接影响到用电设备的运行状况。

1. 汽车线束

为使全车线路规整、安装方便及保护导线的绝缘，汽车上的全车线路除高压线、蓄电池电缆和起动机电缆外，一般将同区域的不同规格导线用棉纱或薄聚氯乙烯带缠绕包扎成束，称为线束，如图1-6所示。

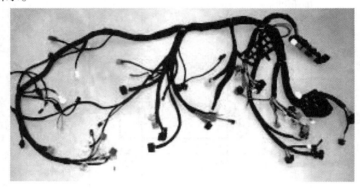

图1-6　汽车线束

（1）导线

1）导线类型

导线按承受电压的高低分为高压导线和低压导线。

2）导线截面积

根据电器设备的负载电流大小选择导线的截面积。

其一般原则为：长时间工作的电器设备可选用实际电流等于允许载流量60%的导线；短时间工作的电器设备可选用实际电流等于允许载流量为60%～100%的导线。同时，还应考虑电路中的电压降和导线发热等情况，以免影响电器设备的性能或超过导线的允许温度。为保证一定的机械强度，一般低压导线截面积不小于0.5 mm²。表1-1为各种铜芯导线标称截面积的允许载流量。

表1-1　导线标称截面积的允许载流量

铜芯电线/mm²	0.5	0.75	1.0	1.5	2.5	4	6	10	16	25	35	50
载流量（60%）	7.5	9.6	11.4	14.4	19.2	25.2	33	45	63	82.5	102	192
载流量（100%）	12.5	16	19	24	32	42	55	75	105	138	170	215

表1-2为汽车12 V电器系统主要电路导线截面积选择的推荐值。

表1-2　主要电路导线截面积

汽车类型	标称截面积/mm^2	用　　途
轿车、货车、挂车	0.5	后灯、顶灯、指示灯、仪表灯、牌照灯、燃油表、雨刮器电机
	0.8	转向灯、制动灯、停车灯、分电器
	1.0	前照灯的单线(不接保险器)、电喇叭(3 A以下)
	1.5	前照灯的电线束(接保险器)、电喇叭(3 A以上)
	1.5~4	其他连接导线
	4~6	电热塞
	4~25	电源线
	16~95	起动机电缆

3)导线颜色

为便于安装和检修,汽车采用双色导线,主色为基础色,辅色为环布导线的条色带或螺旋色带,且标注时主色在前,辅色在后。以双色为基础选用时,各用电系统的电源线为单色,其余为双色,导线的颜色代号见表1-3。

表1-3　导线颜色代号

系统名称	电线主色	代号	系统名称	电线主色	代号
电气装置接地线	黑	B	仪表、报警指示和喇叭系统	棕	Br
点火启动系统	白	W	前照灯、雾灯等外部照明系统	蓝	Bl
电源系统	红	R	各种辅助电机及电气操纵系统	灰	Gr
灯光信号系统	绿	G	收放音机、点烟器等系统	紫	V
车身内部照明系统	黄	Y			

标称截面积大于1.5 mm^{2}的双色线,主辅颜色的搭配见表1-4。

表1-4　颜色搭配表

主色	辅　色						
	红(R)	黄(Y)	白(W)	黑(B)	棕(N)	绿(G)	蓝(U)
红(R)	—	○	○	○	—	○	○
黄(Y)	○	○	○	○	△	△	△
蓝(U)	○	○	○	○	△	—	—
白(W)	○	○	○	○	○	○	△
绿(G)	○	○	○	○	○	—	○
棕(N)	○	○	○	○	—	○	○
紫(P)	—	○	○	○	○	○	△
灰(S)	○	○	—	○	○	○	○

注:○—容许搭配的颜色;△—不推荐搭配的颜色

(2)线束的包扎

线束的包扎如图1-7所示。

①电缆半叠包扎法,涂绝缘漆,烘干,以增加电缆的强度和绝缘性能。

②新型线束,局部塑料包扎后放入侧切口的塑料波纹管内,使其强度更高,保护性能更好,方便查找线路故障。

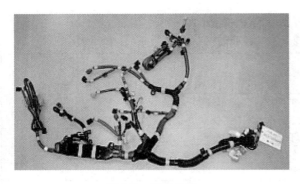

图 1-7　线束包扎

（3）线束的安装

同一种车型的线束在制造厂里按车型设计制造好后，用卡簧或绊钉固定在车上的既定位置，其抽头恰好在各电气设备接线柱附近位置，安装时按线号装在其对应的接线柱上。各种车型的线束各不相同，同一车型线束按发动机、底盘和车身分多个线束。

2. 开关装置

汽车上所有用电设备的接通和停止，都必须经过开关控制。对开关的要求是坚固耐用、安全可靠、操作方便、性能稳定，常见开关装置如图 1-8 所示。

序 号	图形符号	名 称	序 号	图形符号	名 称
1		旋转、旋钮开关	14		推拉多挡开关位置
2		液位控制开关	15		钥匙开关（全部定位）
3	OP	机油滤清器报警开关	16		多挡开关，点火、启动开关，瞬时位置为2能自动返回至1(即2挡不能定位)
4	t°	热敏开关动合触点	17		节流阀开关
5	t°	热敏开关动断触点	18	BP	制动压力控制
6		热敏自动开关动断触点	19		液位控制
7		热继电器触点	20		凸轮控制
8		旋转多挡开关位置	21		联动开关
9		钥匙操作	22		手动开关的一般符号
10		热执行器操作	23		定位（非自动复位）开关
11	t°	温度控制	24		按钮开关
12	P	压力控制	25		能定位的按钮开关
13		拉拔开关			

图 1-8　开关装置

（1）点火开关

点火开关是汽车电路中最重要的开关,是各条电路分支的控制枢纽,是多挡多接线柱开关。其主要功能是:锁住转向盘转轴(LOCK),接通点火仪表指示灯(ON 或 IG),启动(ST 或 START)挡,附件挡(Acc 主要是收放机专用),如果用于柴油车则增加(HEAT)挡。其中启动、预热挡因为工作电流很大,开关不宜接通过久,这两挡在操作时必须用手克服弹簧力,扳住钥匙,一松手就弹回点火挡,并自行定位,其他挡均可自行定位。点火开关的结构及表示方法如图 1-9 所示。

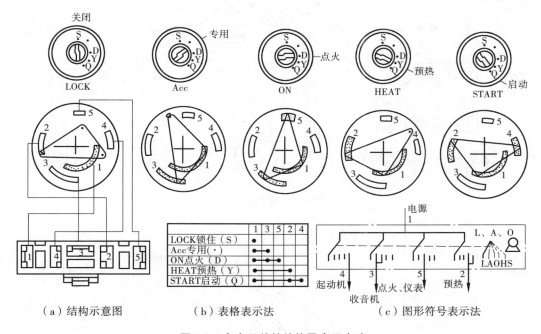

（a）结构示意图　　　　（b）表格表示法　　　　　（c）图形符号表示法

图 1-9　点火开关的结构及表示方法

（2）组合开关

多功能组合开关如图 1-10 所示,其将照明(前照灯、变光)开关、信号(转向、危险警告、超车)开关、刮水器/清洗器开关等组合为一体,安装在便于驾驶员操纵的转向柱上。图 1-11 为日产轿车组合开关的挡位关系。

3.保险装置

当电路中流过超过规定的过大电流时,汽车电路保险装置能够切断电路,从而防止烧坏电路连接导线和用电设备,并把故障限制在最小范围内。汽车上的保险装置主要有熔断器、易熔线和断路器。熔断器、易熔线和断路器符号如图 1-12 所示。

（1）熔断器

1）保险选用原则

$$保险装置标称值 = \frac{电路的电流值}{0.8}$$

例如,某电路设计的最大电流为 12 A,则应选用 15 A 的保险。

2）熔断器熔断后的应急修理

行驶途中的应急修理,可用细导线代替熔断器。一旦到达目的地或有新熔断器时,应及时

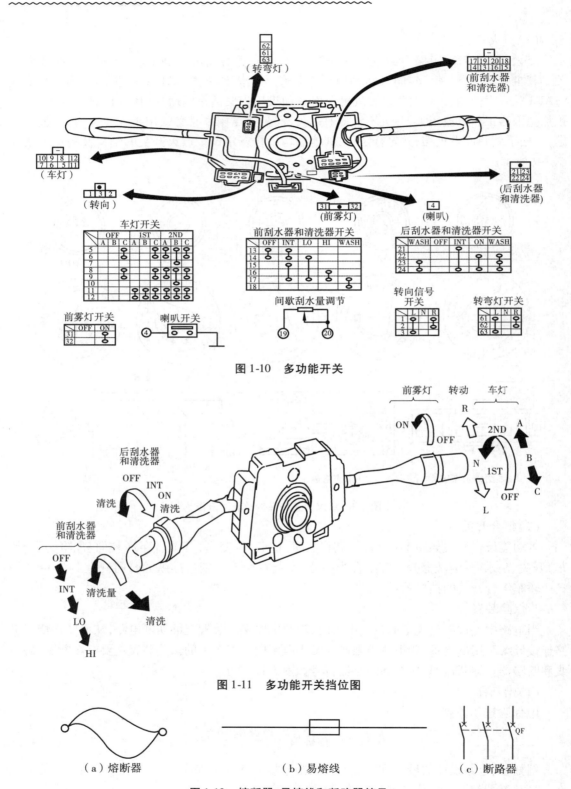

图 1-10　多功能开关

图 1-11　多功能开关挡位图

（a）熔断器　　　　　　　　（b）易熔线　　　　　　　　（c）断路器

图 1-12　熔断器、易熔线和断路器符号

换上,熔断器实物如图 1-13 所示。

注意:

①更换熔断器,一定要用与原规定相同的熔断器。汽车上增加用电设备时,不要随意改用容量大的熔断器,最好另外再安装熔断器。

②熔断器熔断,必须找到真正故障原因,彻底排除隐患。

③熔断器支架与熔断器接触不良会产生电压降和发热现象。如发现支架有氧化现象或脏污必须及时清理。

(2)易熔线

易熔线如图 1-14 所示,是一种大容量的熔断器,用于保护电源电路和大电流电路。

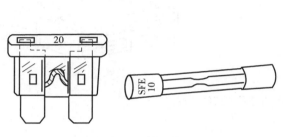

图 1-13　熔断器　　　　　　　　　　　　　　图 1-14　易熔线

注意:

①绝对不允许换用比规定容量大的易熔线。

②易熔线熔断,可能是主要电路发生短路,因此需要仔细检查,彻底排除隐患。

③不能和其他导线绞合在一起。

(3)断路器

断路器在电路中用于防止有害的过载(额外的电流),其结构如图 1-15 所示。断路器是机械装置,它利用两种不同金属(双金属)的热效应断开电路,如果额外的电流经过双金属带,双金属带弯曲,触点开路,阻止电流通过。当电路断路器冷却,触点再次闭合,电路导通。当无电流时,双金属带冷却而使电路重新闭合,电路断路器复位。

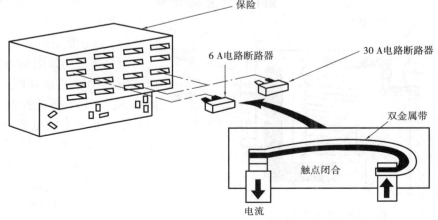

图 1-15　断路器结构图

9

4.连接器

连接器又称插接器,现代汽车上使用很普遍。连接器符号及实物如图 1-16 所示。为防止在汽车行驶过程中脱开,均采用闭锁装置,其拆卸方法如图 1-17 所示。

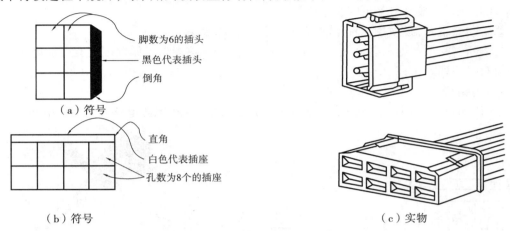

图 1-16　连接器的符号和实物示意图

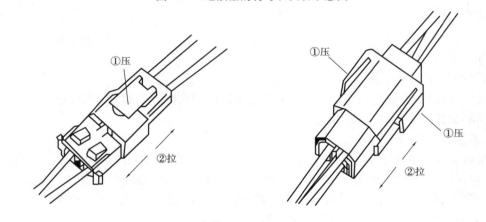

图 1-17　连接器的拆卸

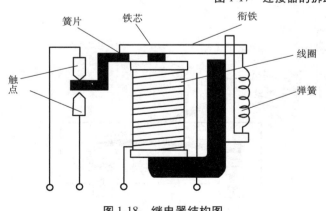

图 1-18　继电器结构图

5.继电器

(1)继电器结构

继电器结构如图 1-18 所示,其可以实现自动接通或切断一对或多对触点,完成用小电流控制大电流,可以减小控制开关的电流负荷,保护电路中的控制开关。如进气预热继电器、空调继电器、喇叭继电器、雾灯继电器、中间继电器、风窗刮水器/清洗器继电器、危险报警与转向闪光继电器等。继电器根据其断电时开关触点的状态又分为常开继电器和常闭继电器,符号如图 1-19 所示。继电器实物如图 1-20 所示。

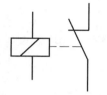
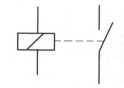

（a）触点常闭继电器符号　　　　（b）触点常开继电器符号

图 1-19　继电器符号

图 1-20　继电器实物图

（2）继电器的分类

继电器分为常开继电器,常闭继电器和常开、常闭混合型继电器。继电器的每个插脚都有标号,与中央接线盒正面板的继电器插座的插孔标号相对应。常见继电器符号类型如图 1-21 所示。

型 号	外 形	电 路	引线标号	颜 色
1T				黑色
1M				蓝色
2M				棕色
1M.1B				灰色

图 1-21　继电器符号类型

（3）使用继电器小技巧

用继电器实现电路扩展。要想在原车上安装额外的电子附件,简单接入已有的电路中可能会使保险装置或配线过载。采用继电器扩展可有效解决这一问题。示例电路如图 1-22 所示。

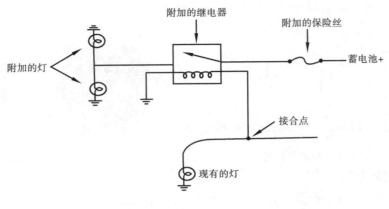

图 1-22　示例电路

任务2　汽车电器基本检测工具的使用

一、万用表

万用表是一种带有整流器的、可以测量交、直流电流、电压及电阻等多种电学参量的磁电式仪表。对于每一种电学量,一般都有几个量程,因此又称多用电表或简称多用表。万用表由磁电系电流表(表头)、测量电路和选择开关等组成。通过选择开关的变换,可方便地对多种电学参量进行测量。其电路计算的主要依据是闭合电路欧姆定律。万用表种类很多,使用时应根据不同的要求进行选择。

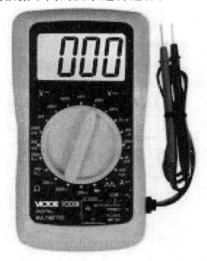

图 1-23　数字万用表

(一)万用表的分类

万用表分为指针式万用表和数字万用表(图1-23),另外还有一种带示波器功能的示波万用表。现在数字式万用表已成为主流,已经取代模拟式万用表(即指针式)。与模拟式万用表相比,数字式万用表其主要特点是准确度高、分辨率强、测试功能完善、测量速度快、显示直观、过滤能力强、耗电省,便于携带。进入20世纪90年代后,数字万用表在我国获得迅速普及与广泛使用,已成为现代电子测量与维修工作的必备仪表,并正在逐步取代传统的模拟式万用表。

(二)万用表的组成

万用表主要由表头、测量线路、转换开关组成。

1. 表头

数字式万用表表头如图 1-24 所示,一般由一只A/D(模拟/数字)转换芯片 + 外围元件 + 液晶显示器组成,万用表的精度受表头的影响,万用表由 A/D 芯片转换出来的数字,一般也称为31/2 位数字万用表,41/2 位数字万用表等。

指针式万用表表头如图 1-25 所示,是一种高灵敏度的磁电式直流电流表,万用表的主要性能指标基本上取决于表头的性能。表头的灵敏度是指表头指针满刻度偏转时流过表头的直流电流值,这个值越小,表头的灵敏度越高。测电压时的内阻越大,其性能就越好。表头上有 4 条刻度线,其功能如下:第一条(从上到下)标有 R 或 Ω,指示的是电阻值,转换开关在欧姆挡时,即读此条刻度线。第二条标有示⌒和 VA,指示的是交、直流电压和直流电流值,当转换开关在交、直流电压或直流电流挡,量程在除交流 10 V 以外的其他位置时,即读此条刻度线。第三条标有 10 V,指示的是 10 V 的交流电压值,当转换开关在交、直流电压挡,量程在交流 10 V 时,即读此条刻度线。第四条标有 dB,指示的是音频电平。

图 1-24　数字式万用表表头

图 1-25　指针式万用表表头

2. 测量线路

测量线路在万用表内是用来把各种被测量(如电流、电压、电阻等)转换到适合表头测量的微小直流电流的电路,它由电阻、半导体元件及电池组成。它能将各种不同的被测量(如电流、电压、电阻等)、不同的量程,经过一系列的处理(如整流、分流、分压等)统一变成一定量限的微小直流电流送入表头进行测量。

3. 转换开关

转换开关结构如图 1-26 所示,其作用是用来选择各种不同的测量线路,分别标有不同的挡位和量程,以满足不同种类和不同量程的测量要求。

（三）万用表的使用

①熟悉表盘上各符号的意义及各个旋钮和选择开关的主要作用。

②根据被测量的种类及大小,选择转换开关的挡位及量程,找出对应的刻度线。

③选择表笔插孔的位置。

测量电压(或电流)时要选择好量程,如果用小量程去测量大电压,则会有烧表的危险;如果用大量程去测量小电压,那么指针偏转太小,无法读数。如果事先不清楚被测电压的大小时,应先选择最高量程挡,然后逐渐减小到合适的量程。

（1）交流电压的测量

将万用表的转换开关置于交流电压挡,万用表两表笔和被测电路或负载并联即可。

（2）直流电压的测量

将万用表的转换开关置于直流电压挡,且" + "表笔(红表笔)接到高电位," - "表笔(黑

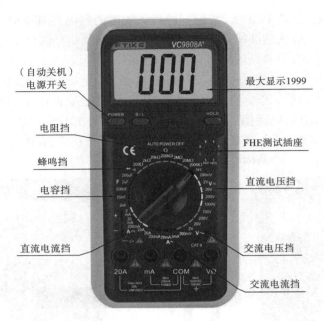

图 1-26　转换开关

表笔)接到低电位处,即让电流从"＋"表笔流入,从"－"表笔流出。若表笔接反,则数值前会显示"－"。

（3）电流的测量

测量直流电流时,将万用表的转换开关置于直流电流挡,并置于合适量程上,电流的量程选择和读数方法与电压一样。测量时必须先断开电路,然后按照电流从"＋"到"－"的方向,将万用表串联到被测电路中,即电流从红表笔流入,黑表笔流出。如果误将万用表与负载并联,则因表头的内阻很小,会造成短路烧毁仪表。

（4）电阻的测量

将万用表的转换开关置于合适的电阻挡,使用正负表笔测量被测原件,所得值就是该原件的电阻值。

（5）注意事项

①在测电流、电压时,不能带电换量程。

②选择量程时,要先选大的,后选小的,尽量使被测值接近于量程。

③测电阻时,不能带电测量。因为测量电阻时,万用表由内部电池供电,如果带电测量则相当于接入一个额外的电源,可能损坏表头。

④用毕,应使转换开关在交流电压最大挡位或空挡上。

二、钳形表

钳形表如图 1-27 所示,其电流互感器铁芯制成活动开口,且成钳形,夹住配线,不用连接电路即可安全检测电流。

（一）结构及原理

钳形表是一种用于测量正在运行的电气线路的电流大小的仪表,可在不断电的情况下测量电流。钳形表实质上是由一只电流互感器、钳形扳手和一只整流式磁电系有反作用力仪表

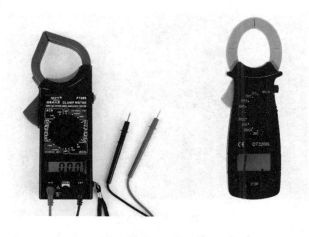

图 1-27   钳形表

所组成,其结构如图 1-28 所示。

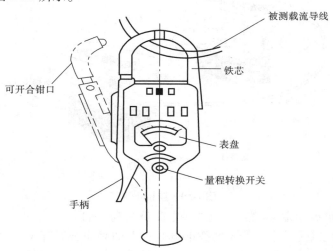

图 1-28   钳形表结构图

(二)使用方法和注意事项

①测量前要调零。

②选择合适的量程,先选大量程,后选小量程或看铭牌值估算。

③不要在测量过程中切换量程挡位。

④注意电路上的电压要低于钳形表的额定电压,不可用钳形电流表去测量高压电路中的电流,否则容易造成安全事故或引起触电危险。

三、跨接线

跨接线如图 1-29 所示,其主要用于蓄电池充电或启动起动机,导通排除故障。如车辆因电池亏电抛锚,救援车前往救援,外接电源并联启动。

(一)跨接线的使用

①将跨接线正极固定夹(红色)连接至已放电电瓶的正极端(+)。

图1-29　跨接线

②将跨接线正极(红色)的另外一端连接至外接电瓶正极端(+),如图1-30所示。

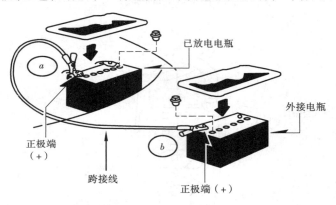

图1-30　连接正极

③连接跨接线负极固定夹(黑色)至外接电瓶负极端(−)。

④接负极跨接线的另一端连接至已放电电瓶车上的静止金属部位。注意安全,要先戴着手套用跨接线端绝缘处试着轻轻碰一下 d 点连接处,如无火花放电现象后再夹住。如有放电现象则不能用外接电源方法着车,必须更换电池才行。如图1-31所示。

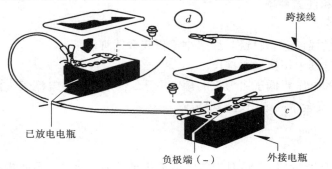

图1-31　连接负极

(二)注意事项

①如果外接电瓶在另外一辆车上,则两车一定不能接触,并需将不必要的灯光和附属配备

关掉。

②如果外接电瓶车辆的发动机未运转,则应将发动机启动并让其运转数分钟,在并联启动进行中,发动机的转速应保持在大约 2 000 rpm。将电瓶跨接线按 a、b、c、d 的顺序连接。

③电瓶跨接线不可连接至或靠近发动机运转时会转动的部位。

④进行连接时,跨接线除与正确的电瓶桩头及搭铁连接外,不能碰触其他任何物体,以免造成人员受伤。按正常方式启动发动机,启动之后轻踩加速踏步让发动机以 2 000 rpm 运转几分钟。

⑤按照连接时的相反顺序小心地拆开跨接线,即先拆负极跨接线,再拆正极跨接线。

四、试灯

测试灯也称测电笔,结构如图 1-32 所示,其作用及原理与接跨线基本相同,但增加了用于显示电路导通状态的指示灯,根据灯泡的明暗程度还可判断被测线路电压的大小。

(一)试灯的分类

试灯实物如图 1-33 所示,其类型分为无源试灯和有源试灯。无源试灯就是在一段导线中连接一个 12 V 灯泡,当试灯一端搭铁另一端接触到带电的导体时,灯泡就会点亮。有源试灯同无源示灯类似,只是自带一个电池电源,连接到一条导线的两端上时,试灯内灯泡点亮,可用于测试线路的通、断。

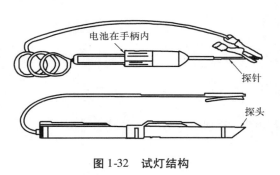

图 1-32　试灯结构　　　　　　　　　　　图 1-33　试灯实物

(二)注意事项

①不能用有源示灯测试带电电路,否则会损坏试灯。

②试灯的局限性在于它不能显示出被检电路点的电压值是多少。

③不提倡用试灯检测计算机控制的电路。

五、诊断仪

汽车诊断仪又称汽车电脑诊断仪,如图 1-34 所示,是一款专门针对汽车检测的专业仪器,在检测时不需要对汽车解体就可实时检测车辆的性能,并对车辆故障进行检测,是检测车辆必备的一种工具。

(一)功能

诊断仪主要功能包括下述内容。

①读取故障码。

②清除故障码。

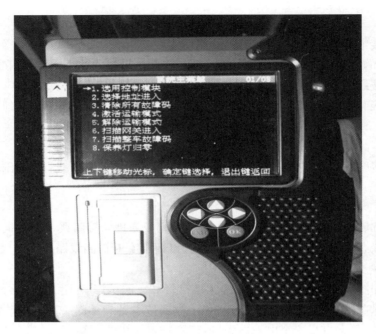

图 1-34　诊断仪实物图

③读取发动机动态数据流。

④示波功能。

⑤元件动作测试。

⑥匹配、设定和编码等功能。

⑦英汉辞典、计算器及其他辅助功能。

（二）操作步骤

①在车上找到诊断座,常见诊断接口位置如图 1-35 所示。

②选用相应的诊断接口,并连接。

③根据车型,进入相应诊断系统。

④读取故障码。

⑤查看数据流。

⑥诊断维修之后清除故障码。

（三）诊断仪使用注意事项

①测试前应正确选择检测适配接头,这是因为各车型的检查连接器所提供的电源形式不同,有的需要接外接电源,有的不需要接外接电源（如 OBD Ⅱ ）,因此要避免因选择接头不当而烧坏仪器。

②测试前应先将测试卡插入仪器主机的测试卡接口,然后再接通电源。

③仪器的额定电压为 12 V,检测时蓄电池的电压应为 11 ~ 14 V。

④关闭汽车上所有的附属电器设备,如空调、前照灯、音响等。

⑤发动机的节气门应处于关闭状态。

⑥接通电源,仪器屏幕会闪烁。若程序未运行或出现乱码现象,可拔下仪器的数据线并重新连接一次,即可继续操作。

图 1-35 车上连接口

⑦测试接头和诊断插座应接触良好,以保证信号传输不会中断。

⑧测试结束后,应先切断电源,再从主机上拆下数据线和测试卡。

项目 **2**
蓄电池

一、知识目标

1. 简单叙述蓄电池基本结构、作用和分类。
2. 简单叙述蓄电池的基本工作原理。
3. 正确叙述蓄电池拆装时的注意事项。
4. 正确的叙述蓄电池常见的故障及排除方法。

二、技能目标

1. 简单叙述蓄电池基本结构、作用和分类。
2. 简单叙述蓄电池的基本工作原理。
3. 正确叙述蓄电池充电与拆装时的注意事项。
4. 正确的叙述蓄电池常见的故障及排除方法。

任务 1　熟悉蓄电池的构造与型号

一、蓄电池的分类

蓄电池是一种可逆的低压直流电源,它既能将化学能转化为电能,也能将电能转化为化学能。蓄电池可分为碱性蓄电池和酸性蓄电池大类。常用的类型有普通蓄电池、干荷蓄电池、免维护蓄电池三种。

二、蓄电池的作用

①启动发动机。当启动发动机时,向启动系统和点火系统供电。

②备用供电。当发动机低速运转、发电机不发电或发电量较低时,向交流发电机磁场绕组、点火系统以及其他用电设备供电。

③储存电能。当发动机中高速运转、发电机正常供电时,将发电机剩余电能转化为化学能

储存起来。

④协同供电。当发电机过载时,协助发电机向用电系统供电。

⑤稳定电压电源,保护电子设备。蓄电池相当于一个大容量电容器,不仅能够保持汽车电系的电压稳定,而且还能吸收电路中出现的瞬时过电压,防止损坏电子设备。

三、蓄电池的结构

干荷电蓄电池的主要特点是极板制造工艺有所不同,免维护蓄电池的主要特点是极板材料和隔板结构有所不同。桑塔纳2000系列和3000型轿车用干荷电蓄电池的结构如图2-1所示。

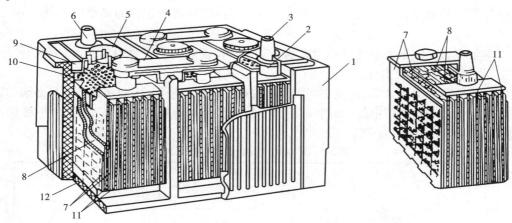

图2-1 蓄电池的结构

1—蓄电池外壳;2—电极衬套;3—正极柱;4—连接条;5—加液孔螺塞;
6—负极柱;7—负极板;8—隔板;9—封料;10—护板;11—正极板;12—肋条

(一)极板

极板分正极板和负极板两种,如图2-2所示,均由栅架和填充在其上的活性物质构成。正极板上的活性物质是二氧化铅(PbO_2),呈深棕色;负极板上的活性物质是海绵状纯铅(Pb),呈青灰色。

(二)隔板

隔板:在正负基板间起绝缘作用,可使电池结构紧凑。

①隔板有许多微孔,让电解液畅通无阻。

②隔板一面平整,一面有沟槽。沟槽面对着正极板。

图2-2 极板

充放电时,电解液能通过沟槽及时供给正极板,当正极板上有活性物质 PbO_2 脱落时能迅速通过沟槽沉入容器底部。

(三)电解液

由密度为 1.84 g/mL 的纯硫酸和蒸馏水按一定比例配制而成,而其密度一般为 1.24 ~ 1.30 g/mL,使用中应根据地区、气候条件和制造厂的要求而定。

注意:不允许用工业硫酸和自来水、井水、河水等配制,因其杂质多,易引起自放电,从而影响蓄电池寿命。

（四）壳体

蓄电池的壳体是用来盛放电解液和极板组的,应由耐酸、耐热、耐震、绝缘性好并且有一定力学性能的材料制成。

早期生产的启动型蓄电池大都采用硬橡胶壳体,近年来大都采用聚丙烯塑料壳体。塑料壳体具有较好的韧性,壁薄而轻(壁厚仅 3.5 mm,而胶壳壁厚达 10 mm 左右),且制作工艺简单,生产效率高,易热封合,不会带进任何有害杂质且具有外形美观、透明,成本低等优点。

四、蓄电池的型号与选用

（一）蓄电池产品特征代号

①串联单格电池数。串联单格电池数指一个整体壳体内所包含的单格电池数,用阿拉伯数字表示。

②电池类型。根据蓄电池主要用途划分。启动型蓄电池用字母"Q"表示,因代号"Q"是汉字"启"的第一个拼音字母。

③电池特征。为附加部分,仅在同类用途的产品具有某种特征,而在型号中又必须加以区别时采用。如为干荷电蓄电池,则用汉字"干"的第二个拼音字母"A"表示;如为免维护蓄电池,则用汉字"无"的第一个拼音字母"W"来表示。蓄电池产品特征代号见表2-1。

表 2-1　蓄电池产品特征代号对应表

序号	产品特征	代号	序号	产品特征	代号
1	干荷电	A	7	半密封式	B
2	湿荷电	H	8	液密式	Y
3	免维护	W	9	气密式	Q
4	少维护	S	10	激活式	I
5	防酸性	F	11	带液式	D
6	密封性	M	12	胶质电解液式	J

④额定容量。额定容量是指 20 h 率额定容量,用阿拉伯数字表示,单位为安培 1 小时(A·h),在型号中可略去不写。

⑤特殊性能。在产品具有某些特殊性能时,可用相应的代号加在型号末尾表示。如"G"表示薄型极板的高启动率蓄电池,"S"表示采用工程塑料外壳与热封合工艺的蓄电池。

例1:北京 BJ2020 型吉普车用 6-QA-60 型蓄电池;表示由 6 个单格电池组成,额定电压为 12 V,额定容量为 60 A·h 的启动型干荷电蓄电池。

例2:东风 EQ1090 型载货汽车用 6-Q-105 型蓄电池;表示由 6 个单格电池组成,额定电压为 12 V,额定容量为 105 A·h 的启动型蓄电池。

例3:东风 EQ2102 型越野汽车用 6-QW-180 型蓄电池:表示由 6 个单格电池组成,额定电压为 12 V,额定容量为 180 A·h 的启动型免维护蓄电池。

（二）蓄电池品牌

现在世面上常用的汽车蓄电池或汽车启动用蓄电池多为铅酸蓄电池。铅酸蓄电池技术经过多年发展,其比能量、循环寿命、高低温适应性等问题已有所突破。目前在国内市场上较为成熟的汽车电池品牌厂家有风帆(图2-3)、统一(图2-4)、博世(图2-5)、瓦尔塔(图2-6)、汤浅(图2-7)和骆驼(图2-8)。

图 2-3　风帆

图 2-4　统一

图 2-5　博世

图 2-6　瓦尔塔

图 2-7　汤浅

图 2-8　骆驼

任务 2　熟悉蓄电池的工作原理及充电

一、蓄电池化学方程式

蓄电池充放电过程中的化学反应方程式为:

$$PbO_2 + 2H_2SO_4 + Pb \underset{充电}{\overset{放电}{\rightleftharpoons}} 2PbSO_4 + 2H_2O$$

结论:①充电时,形成气泡。电池电压升高,达到约 2.39 V 时,水的电解不可忽视。

②放电时,电解液密度下降。

③正极板附近化学反应较负极板附近化学反应剧烈,活性物质很少。

二、蓄电池的特点

(一)优点

①价格低廉。

②可制成小至 1 A · h 大至几千安时的各种尺寸和结构的蓄电池。

③高倍率放电性能良好,可用于启动发电机。

④高低温性能良好,可在 -40 ~ 60 ℃ 条件下工作。

⑤电能效率高达60%。

⑥易于识别荷电状态。

（二）缺点

①比能量低，在电动汽车中所占的质量和体积较大，一次充电续驶里程短。

②使用寿命短，使用成本高。

③充电时间长。

④铅是重金属，存在环境污染。

蓄电池的工作特性是指蓄电池的电动势、电压、电流和电解液密度随充放电时间而变化的规律。

三、充电种类

（1）初充电

新蓄电池或修复后的蓄电池在使用之前的首次充电称为初充电。

目的：恢复蓄电池在存放期间极板上部分活性物质缓慢硫化和自放电而失去的电量。初充电恰当与否，对蓄电池的使用性能极为重要。

初充电的特点：充电电流小、充电时间长，电化学反应充分。

（2）补充充电

蓄电池在车辆上使用时，常有充电不足的现象，尤其是短途运输车辆，应根据需要进行补充充电。一般每月一次，如有下列现象发生，必须随时进行补充充电：

①电解液相对密度下降到1.15以下。

②冬季放电超过25%，夏季放电超过50%。

③灯光暗淡、起动机运转无力，表明电力不足时。

④另外，蓄电池放置时间超过1个月时，也应进行补充充电；在大量补充蒸馏水后也应进行补充充电。

（3）循环锻炼充电

蓄电池在使用中常处于部分放电的情况，参加化学反应的活性物质有限，为迫使相当于额定容量的活性物质都能参加工作，以避免活性物质长期不工作而收缩，可每隔3个月进行一次循环锻炼充电。即在电池正常充足电后，用20 h放电率放完电，再正常充电后送出使用。

（4）去硫充电

当极板硫化较严重时，可进行"去硫充电"。

充电注意事项：

①遵守充电电流规范。

②观察各单格电池的电压和密度。

③观察电池温度。

④充电应连续进行。

⑤配置和灌入电解液时，遵守安全操作规则。

⑥充电时备用冷水、10%苏打溶液和10%的氨水溶液。

⑦室内要安装通风装置，严禁明火。

⑧充电设备不应和蓄电池放在同一位置。

四、充电设备

充电专用设备:可控硅整流充电机如图 2-9 所示、硅整流充电机如图 2-10 所示。

图 2-9　可控硅整流充电机　　　　图 2-10　硅整流充电机

任务 3　蓄电池的检测与维护

一、蓄电池好坏检测

①从外观判断:观察外观有无变形、凸出、漏液、破裂炸开、烧焦、螺丝连接处有无氧化物渗出等。

②带载测量:若外观无异常,UPS 工作于电池模式下,带一定量的负载,若放电时间明显短于正常放电时间,充电 8 h 后仍不能恢复正常的备用时间,判定电池老化。

③万用表测量。

a. 电池放电模式下测量:测量电池组中各个电池端电压,若其中一个或多个电池端电压明显高于或低于标称电压(标称电压 12 V/节),判断电池老化。

b. 市电模式下测量:电池组中各个电池端的充电电压,若其中一个或多个电池的充电电压明显高于或低于其他电压,则判定电池老化。

④仪器测试:一般采用蓄电池放电测试仪,将测试仪两正负测钳分别夹持蓄电池正负电极,按下测试按钮,观察测试仪表指示情况。

a. 如果仪表指示电压 9 V 以上说明蓄电池状态良好。

b. 如果低于 9 V 但指针处于某个数值不动,说明蓄电池处于亏电状态,需要补充充电。

c. 如果指针慢慢下降说明蓄电池内部有短路现象。

d. 指针快速下降为 0 V 说明蓄电池内部有断路。

⑤经验法:观察蓄电池电解液是否浑浊,浑浊说明蓄电池正极板软化。观察蓄电池底部是否有沉淀物,如有说明极板脱落,蓄电池容量已存在不足。用手敲击蓄电池两个电极桩,如果听到有空洞的声音说明极桩与极板发生断裂。用一粗导线短路正负极桩观察蓄电池各个加液孔,如发现某格出现气泡说明该格已损坏。

二、铅酸蓄电池的日常维护

①不得拆卸指示器。如有松动可使用适当工具按顺时针方向进行强制性紧锢。

②逐格检查蓄电池的电解液液面是否高出极板 10 ~ 15 mm,如果缺液请加蒸馏水。

③发电机运转时不要断开蓄电池的电路。

④正负极电缆接头切勿接反,否则会损坏交流发电机的二极管。

⑤给蓄电池充电时要拆掉车上蓄电池的正负极接线。

三、铅酸蓄电池的定期维护

定期维护的对象:指针对带液搁置时间较长或不正常使用的铅酸蓄电池进行的定期维护。

定期维护的间隔:一般带液搁置的普通开口蓄电池1个月需保养1次;全免维护蓄电池带液搁置3个月需保养1次。

四、影响蓄电池容量和寿命的因素

(1)纯度的影响

硫酸电解液不纯会造成蓄电池严重的自放电和加速隔板、极板的腐蚀从而造成容量下降及寿命缩短。这些有害杂质有铁、锰、氯化物、盐酸、硝酸、硝酸盐、醋酸、蔗糖、淀粉等。

(2)充电的影响

电池初期或经常充电不足硫酸铅会变成坚硬致密的晶体,在充电时不易转变成二氧化铅和铅,失去可逆作用,从而使容量明显降低即产生所谓的硫酸盐化的现象。过充电会使极板变松,活性物质脱落加速板栅腐蚀从而降低容量及寿命。一般蓄电池充电量为实际放出电量的110%～130%,若充电量超过150%即为过充电。

(3)放电的影响

放电电流越大则极板孔隙内硫酸消耗过快,孔隙外硫酸又来不及向孔隙深处扩散就已被表面生成的硫酸铅堵塞,从而造成极板内部大量活性物质不能参加化学反应,导致蓄电池实际容量减小。放电电流越大蓄电池端电压下降越快,则允许放电时间越短。蓄电池输出的容量变小放电"终了"现象提前出现,若继续放电则导致过放电而影响蓄电池使用寿命。

五、蓄电池常见故障的诊断

蓄电池常见故障分为外部故障和内部故障。

外部故障:外壳裂纹、极柱腐蚀、极柱松动、封胶干裂。

内部故障:极板硫化、活性物质脱落、极板栅架腐蚀、极板短路、自放电、极板拱曲。

(一)极板硫化

极板上生成白色的粗晶粒硫酸铅的现象,简称硫化。

(1)故障现象

①放电时,内阻大,电压急剧下降,不能持续供给启动电流。

②充电时,内阻大,单格电池的充电电压为2.8 V以上,密度上升慢,温度上升快,过早出现沸腾现象。

(2)产生原因

①蓄电池长期充电不足或放电后不及时充电,温度变化时,硫酸铅发生,再结晶。

②蓄电池液面过低,极板上部发生氧化后与电解液接触,也会生成粗晶粒硫酸铅。

③电解液密度过高、电液不纯或气温变化剧烈。

(3)措施

①硫化不严重时采用去硫充电法充电。

②硫化严重时报废。

③保持蓄电池经常处于充足电状态。

④电解液高度应符合规定。

（二）自放电

蓄电池在无负载的状态下,电量自动消失的现象称为自放电。

（1）故障特征

如果充足电的蓄电池在 30 天之内,每昼夜容量降低超过 2%,故称为故障性质放电。

（2）故障原因

①电解液含杂质过多。

②电解液密度偏高。

③电池表面不清洁。

④栅架中含锑。

（3）防止措施

①使用符合标准的硫酸和蒸馏水配制电解液。

②配制电解液的容器要保持清洁。

③防止杂质进入电池内。

④电池表面要保持清洁干燥。

（4）处理措施

产生自放电后,将电池完全放电,倒出电解液,取出极板组,抽出隔板,用蒸馏水冲洗之后重新组装,并加入新的电解液。

（三）活性物质脱落

（1）故障特征

蓄电池输出容量下降,充电时电解液浑浊,有棕色物质至底部上升。

（2）故障原因

①充电电流过大,过充时间常过长。

②低温大电流放电,造成极板拱曲。

③汽车行驶颠簸震动。

（四）极板软化

修复方法:将电池放电至 10.5 V 后,用灯泡深放电 1 ~ 5 h,然后用活化仪活化修复。

（五）短路

修复方法:水电池,可以打孔清洗,将短路的铅粉弄出!

电动车电池,可以迅速短路正负极,将短路的地方烧断。

（六）开路

修复方法:100 A 检测电池电压 0 V 为开路,用单个测量的方法,测量出开路的地方,焊好。用万用表可以测量出电池开路的地方。

蓄电池容量达不到规定要求。

（1）故障现象

①汽车启动时,起动机转速很快地减慢,转动无力。

②按喇叭声弱,无力。

③开启前照灯,灯光暗淡。

（2）故障原因

①使用新电池前未按要求进行初充电。

②发电机调节器电压调得过低使蓄电池经常充电不足。

③经常长时间启动起动机,造成大电流放电时,使极板损坏。

④电解液的相对密度低于规定值。

⑤电解液的相对密度过高或电解液面过低,造成极板硫化。

（3）故障排除

①首先检测蓄电池的外部,看外壳是否良好。

②检测蓄电池搭铁接线,极柱的连接夹子有无松动。

③检查蓄电池密度、高度、调节电压。

充电机的使用

任务4　蓄电池的正确使用

一、蓄电池的正确使用方法

（一）三抓

（1）抓及时、正确充电

①放完电的电池 24 h 内必须及时充电。

②装车使用电池定期补充充电,充电程度为冬季不能超过 25% ,夏季不能超过 50% 。

③带电液存放的蓄电池定期补充充电。

（2）抓正确使用操作

①每次启动时间不超过 5 s,启动间隔时间为 15 s,最多连续启动 3 次。

②车上蓄电池应固定牢靠,安装搬运时应轻搬轻放。

（3）抓清洁保养

①保持蓄电池表面清洁。

②及时清除蓄电池表面的酸液。

③经常疏通通气孔。

（二）五防

①防止过充和充电电流过大。

②防止过度放电。

③防止电解液液面过低。

④防止电解液密度过大。

⑤防止电解液内混入杂质。

二、蓄电池拆装时应注意的事项

①电池搬运要小心,不得翻倾及磕碰。

②各电池间正负极串联连接,不得接反,以免损坏单电池。

③安装过程中,扳手要用绝缘胶布包好,避免同一电池正负极间短路。

汽车蓄电池更换步骤:

①首先将汽车熄火,打开发动机引擎盖,找到蓄电池的位置,2017 款一汽大众捷达的汽车蓄电池位置如图 2-11 所示。

②使用数字万用表检查蓄电池电压,如蓄电池电压低于 12 V,对蓄电池充电并执行蓄电池负载测试,确定蓄电池的好或坏。

③确认后,首先移除蓄电池负极电缆,紧接着再移除蓄电池正极电缆。

图 2-11 蓄电池位置

④接下来移除蓄电池固定夹,这时可以取出蓄电池,注意在取出的过程中不要让蓄电池角度发生倾斜,以免发生漏液等问题。

⑤清洁蓄电池托盘后,将新的蓄电池放入其中,重新安装蓄电池固定夹子。

⑥接下来先连接正极电缆,然后再连接负极电缆。

⑦新蓄电池安装完成后,启动引擎,使用数字万用表检查充电系统,蓄电池电压应为 13.5 ~ 14.5 V。

三、判断蓄电池是否充电完毕

①如果电解液"沸腾",同时出现气泡,那么表明充电完毕。

②测量单格电池电压值大小,如果电压 3 s 内不波动,达到 2.7 V,那么表明充电完毕。

③测量电解液的相对密度,如密度 3 h 内不再波动,达到最大值,那么表示充电完毕。

四、正确处理汽车蓄电池亏电

(一)借车接线搭桥启动法

借车接线搭桥法如图 2-12 所示,打开两辆车头的发动机舱盖,找到蓄电池的正负极接线柱,用搭接线将两辆车的蓄电池相连,正极接正极,负极接负极。让电池连接上 5 ~ 10 min。

(二)推车启动法

手动挡车辆可以采用推车启动法,如图 2-13 所示,首先将钥匙拧到打火位置,踩下离合器,放开手刹,挡位为 1 或 2 挡,踩住离合器不放,开始推车,当车速达到 5 km/h 时,慢慢松离合器,并踩油门,车子就发动起来了。

图 2-12　借车接线搭桥法

图 2-13　推车启动法

（三）外力牵引启动

外力牵引启动法如图 2-14 所示，一种是从后边推，一种是从前边拉。首先使用结实的牵引绳将两辆车的前后拖钩捆绑结实，然后开始牵引启动，启动时要缓慢。

图 2-14　外力牵引法

蓄电池拆装

项目 **3**
发电机

一、知识目标

1. 简单叙述发电机基本结构、作用和分类。
2. 简单叙述发电机的基本工作原理。
3. 正确叙述发电机拆装时的注意事项。
4. 正确叙述发电机常见故障及排除方法。

二、技能目标

1. 会对发电机进行基础检测。
2. 会对发电机进行拆装和维护。
3. 能通过现象判断发电机的基本故障。

任务 1 认知交流发电机分类及型号

一、发电机的作用

发电机的作用如下所述。
①给蓄电池充电。
②对除起动机以外的所有用电设备供电。发电机在电源系统中的连接关系如图 3-1 所示。

二、发电机的分类

生活中的发电机分为交流发电机(图 3-2)和直流发电机(图 3-3)。汽车上使用的均为交流发电机。

图 3-1　电源系统

图 3-2　交流发电机

图 3-3　直流发电机

（一）按总体结构分类

（1）普通发电机

普通发电机实物如图 3-4 所示。

（2）整体式发电机

例如别克轿车的发动机上装配的是 CS 型发电机，实物如图 3-5 所示。

图 3-4　普通发电机

图 3-5　整体式发电机

（3）带泵式交流发电机

带泵式交流发电机和汽车制动系统的真空助力泵安装在一起，实物如图 3-6 所示。

（4）无刷交流发电机

无刷交流发电机实物如图 3-7 所示。

图 3-6　JFZB292 发电机

图 3-7　无刷交流发电机

（5）永磁式交流发电机

永磁式交流发电机实物如图 3-8 所示。

（二）按整流器结构分类

①六管交流发电机，例如 JF1522（东风汽车用）。

②八管交流发电机，例如 JFZ1542（天津夏利汽车用）。

③九管交流发电机，例如日本日产、三菱、马自达汽车用。

④十一管交流发电机，例如 JFZ1913Z（奥迪、桑塔纳汽车用）。

（三）按磁场绕组搭铁型式分类

①内搭铁型交流发电机。

②外搭铁型交流发电机。

二者结构如图 3-9 所示。

图 3-8　永磁式交流发电机

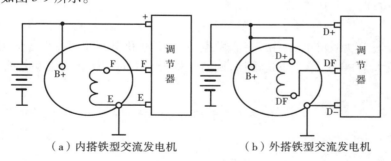

（a）内搭铁型交流发电机　　　　（b）外搭铁型交流发电机

图 3-9　内、外搭铁型交流发电机

三、发电机的型号

发电机的型号标识规律如图 3-10 所示。

（1）产品代号

产品代号用中文字母表示，例如 JF——普通交流发电机；JFZ——整体式（调节器内置）交流发电机；JFB——带泵的交流发电机；JFW——无刷交流发电机。

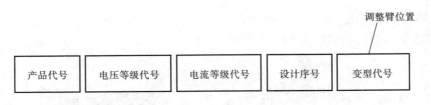

图 3-10　发电机的型号

（2）电压等级代号

电压等级代号用 1 位阿拉伯数字表示，1 表示 12 V 系统；2 表示 24 V 系统；6 表示 6 V 系统。

（3）电流等级代号

电流等级代号用 1 位阿拉伯数字表示：

1 表示电流≤19 A；

2 表示电流≥20～29 A；

3 表示电流≥30～39 A；

4 表示电流≥40～49 A；

5 表示电流≥50～59 A；

6 表示≥60～69 A；

7 表示≥70～79 A；

8 表示≥80～89 A；

9 表示≥90 A。

（4）设计序号

按产品的先后顺序，用阿拉伯数字表示。

（5）变形代号

交流发电机以调整臂的位置作为变形代号。从驱动端看，Y 表示调整臂位于右边；Z 表示调整臂位于左边；调整臂在中间时不加标记。

例如：

桑塔纳、奥迪 100 型轿车所用的交流发电机代号为 JFZ1913Z 型，其含义为：电压等级为 12 V，输出电流大于 90 A，第十三代设计，调整臂位于左边的整体式交流发电机。

任务 2　交流发电机的工作原理与构造

一、发电机基本原理

发电机发电的基础原理是"磁力生电"，其基本原理如图 3-11 所示。

如果导体和磁场间有相对运动就会产生电压。导体中产生电压的强度取决于磁场强度、导体切割磁场的速度、通过磁场的导体数量。

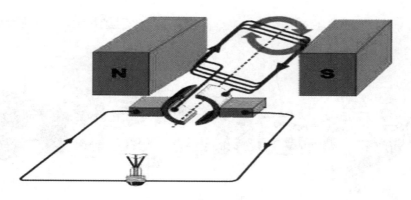

图 3-11　发电机基本原理

（一）磁场的建立

①利用永久磁铁。

②导线或线圈通电,周围产生磁场。

（二）导体或线圈内感应电动势的产生方法

①导体在磁场中运动(固定磁场)。

②使线圈中的磁场发生变化(固定导体)。

③会在导体中产生感应电动势(右手定则)。

④使导体在磁场中往复运动,或在磁场中旋转,有效利用磁力线所穿过的有限空间来产生电动势。也可以使导体不动,让磁场不断发生变化。由于必须经常改变导体或磁场的方向,所产生的电动势的大小、方向经常变化,从而形成交流电动势。

二、三相交流发电机的组成

三相交流发电机由转子、定子、整流器、电压调节器、前后端盖、带轮及风扇组成,如图3-12所示。

①转子总成:产生旋转磁场。

②定子总成:产生三相交流电。

③整流器:将交流电变成直流电。

④电压调节器:调整发动机输出电压。

⑤前后端盖:减少发电机漏磁;安装电刷架和整流二极管。

⑥带轮及风扇:传递动力,散热。

（一）转子总成

①功能:用来建立磁场。

②组成:两块爪极、(转子线圈)激磁绕组、轴和滑环等组成,如图3-13所示。

③结构:转子轴上压装着两块各有数目相等的鸟嘴形磁极的爪极,其空腔内装有磁场绕组(转子线圈)和磁轭。压装在转子轴上并与轴绝缘的集电环由两个彼此绝缘的铜环组成,两个集电环分别与磁场绕组的两端相连。

④旋转磁场的产生:电刷将直流电通入两个集电环时,磁场绕组中就有电流通过,并产生轴向磁通,使爪极一块被磁化为 N 极,另一块被磁化为 S 极,从而形成6对相互交错的磁极。当转子转动时,就形成了旋转的磁场。转子的磁场磁力线分布如图3-14所示。

35

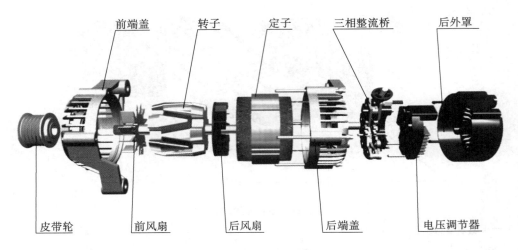

图 3-12 三相交流发电机结构图

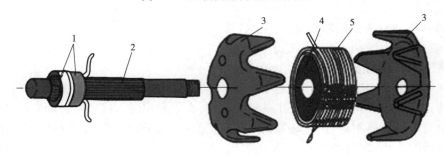

图 3-13 转子总成结构图
1—集电环;2—转子轴;3—爪极;4—磁轭;5—磁场绕组

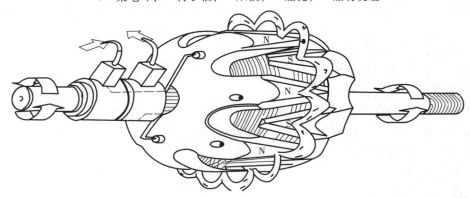

图 3-14 转子磁场的磁力线分布
1,5—电刷;2,4—滑环;3—励磁绕组;6—点火开关;7—蓄电池

(二)定子总成

定子总成的结构如图 3-15 所示。

①功能:定子线圈产生三相交流电。

②组成:由铁芯和三相绕组组成。

③连接方法:星形连接如图 3-16 所示(在发电机低速旋转时能发出足够的电量);三角形

图 3-15 定子实物图

连接如图 3-17 所示(应用于大功率发电机)。

④定子线圈的绕制:在三相绕组中所产生的电动势应是对称电动势,即电动势的大小相等、电位差互差 120°电角度。

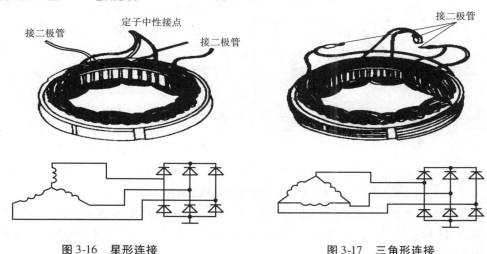

图 3-16 星形连接   图 3-17 三角形连接

(三)整流器

1. 整流器的作用

将定子绕组的三相交流电变为直流电。

2. 六管交流发电机的整流器组成

由 6 只硅整流二极管组成三相全波桥式整流电路,6 只硅整流二极管分别压装(或焊装)在相互绝缘的两块板上,其中一块为正极板(带有输出端螺栓),另一块为负极板,负极板和发电机外壳直接相连(搭铁),也可以将发电机的后盖直接作为负极板。六管交流发电机结构如图 3-18 所示,原理图如图 3-19 所示。

说明:

①压装在散热板上的 3 个二极管,引线为二极管正极——正极管子。

②压装在散热板上的 3 个二极管,引线为二极管负极——负极管子。

③散热板必须与后端盖绝缘,并固定在后端盖上用螺栓引至后端盖外部作为发电机的火线接柱,标记为"B"("A"" + "或"电枢")。

3. 汽车用硅整流二极管特点

汽车用硅整流二极管如图 3-20 所示,其具有如下特点:

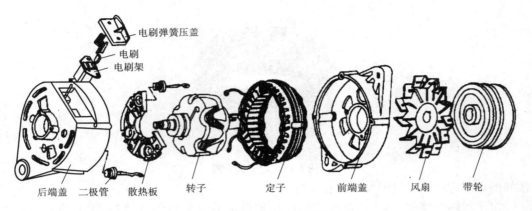

图 3-18　六管交流发电机结构图

电刷弹簧压盖
电刷
电刷架
后端盖　二极管　散热板　转子　定子　前端盖　风扇　带轮

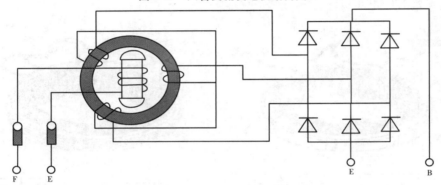

图 3-19　六管交流发电机原理图

a. 允许的工作电流大,如 ZQ50 型二极管的正向平均电流为 50 A,浪涌电流为 600 A。

b. 承受反向电压的能力高,可承受的反向重复峰值电压在 270 V 左右,反向不重复峰值电压在 300 V 左右。

c. 只有一根引线(引出电极)。

d. 根据引出电极的不同分为正二极管和负二极管,即整流二极管有正二极管和负二极管之分。

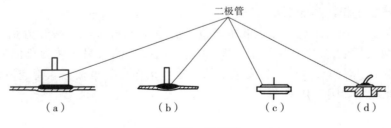

二极管

（a）　　　（b）　　　（c）　　　（d）

图 3-20　二极管

4. 整流管的安装

将正极管安装在一块铝制散热板上,称为正整流板;将负极管安装另一块铝制散热板上,称为负整流板,也可用发电机后盖代替负整流板,安装如图 3-21 所示。

正整流板上有一个输出接线柱 B(发电机的输出端)。负整流板上直接搭铁。负整流板一定和壳体相联接。整流板的形状各异,有马蹄形、长方形、半圆形等,整流板结构如图 3-22 所示。

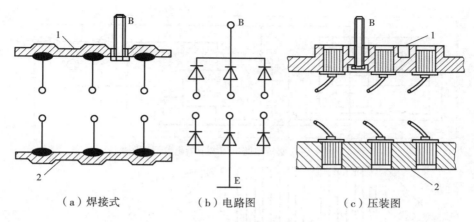

（a）焊接式　　　　　　（b）电路图　　　　　　（c）压装图

图 3-21　二极管安装示意图

1—正整流板；2—负整流板

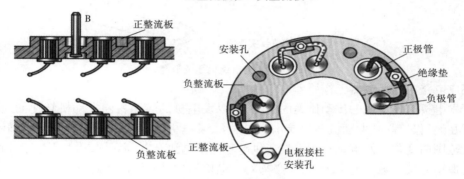

图 3-22　整流板结构图

（四）电压调节器

1.调节器的功用

当发动机转速变化时,自动对发电机的电压进行调节,使发电机的电压稳定,以满足汽车用电设备的需求。

2.电压调节器的分类

电压调节器按工作原理可分为触点式电压调节器,晶体管电压调节器如图 3-23 所示,集成电路调节器如图 3-24 所示。

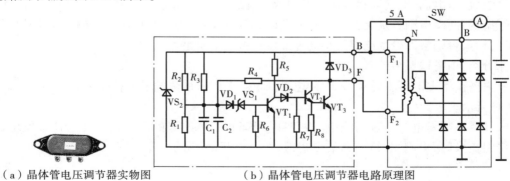

（a）晶体管电压调节器实物图　　　　　　（b）晶体管电压调节器电路原理图

图 3-23　晶体管电压调节器

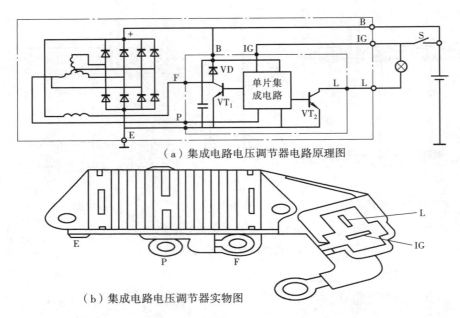

（a）集成电路电压调节器电路原理图

（b）集成电路电压调节器实物图

图 3-24　集成电路电压调节器

3. 集成电路电压调节器工作原理

由于发电机与发动机的传动比是固定的,所以发电机的转速将随发动机转速的变化而变化。汽车在运行过程中,发动机转速变化范围很大,发电机的端电压也将随发动机的转速变化而在很大范围内变化。发电机对用电设备供电和向蓄电池充电,都要求其电压稳定,所以为使电压始终保持在某一数值基本不变,就必须对发电机的输出电压进行调节。

（五）前后端盖

端盖如图 3-25 所示,其一般分两个部分(前端盖和后端盖),起固定转子、定子、整流器和电刷组件的作用。一般用铝合金铸造,一是可有效防止漏磁,二是铝合金散热性能好。后端盖上装有电刷组件,由电刷、电刷架和电刷弹簧组成。电刷的作用是将电源通过集电环引入磁场绕组。

（六）电刷组件

①作用:将电源通过滑环引入励磁绕组。

②组成:由电刷、电刷架和电刷弹簧组成,如图 3-26 所示。

③结构:两个电刷分别装在电刷架的孔内,借助弹簧压力与滑环保持接触。电刷和滑环的接触应良好,否则会因磁场电流过小而导致发电机发电不足。

④分类:内搭铁型与外搭铁型。

a. 内搭铁型发电机。磁场绕组负电刷(E)直接搭铁的发电机(和壳体直接相连),如图 3-27(a)所示。

b. 外搭铁型发电机。磁场绕组的两只电刷都和壳体绝缘的发电机。外搭铁型发电机的磁场绕组负极(负电刷)接调节器后再搭铁,如图 3-27(b)所示。

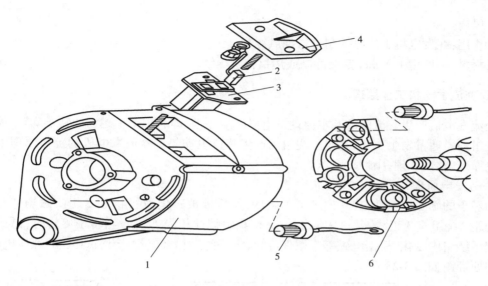

1—后端盖;2—电刷架;3—电刷;4—电刷架外盖;5—整流二极管;6—元件板

图 3-25　前后端盖图

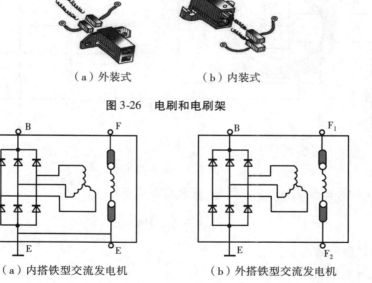

（a）外装式　　　　（b）内装式

图 3-26　电刷和电刷架

（a）内搭铁型交流发电机　　　（b）外搭铁型交流发电机

图 3-27　交流发电机的搭铁型式

（七）带轮及风扇

1. 带轮

①作用:通过皮带将发动机的动力传给发电机。

②材料、类型与定位方法:由铸铁或铝合金制成,分为单槽和双槽两种,与风扇共用一个半圆键和转子轴连接,用弹簧垫片和螺母紧固。

2. 风扇

①作用：在发电机工作时强制进行抽风冷却。

②材料：一般用 1.5 mm 钢板冲制或用铝合金压铸。

三、交流发电机工作原理

交流发电机产生交流电的基本原理是电磁感应原理，即利用产生磁场的转子旋转，使穿过定子绕组的磁通量发生变化，在定子绕组内产生感应电动势。交流发电机的工作原理主要包括发电原理、整流原理、中性点电压。

（一）发电原理

当转子的励磁绕组通电时，便产生了磁场，使爪极被磁化为 N 极和 S 极。磁场外有一个定子绕组，绕组有 3 组线圈（三相绕组），三相绕组彼此相隔 120°。当转子旋转时，磁通交替地在定子绕组中变化，根据电磁感应原理可知，定子的三相绕组中产生了交变的感应电动势，其电路原理图如图 3-28 所示。

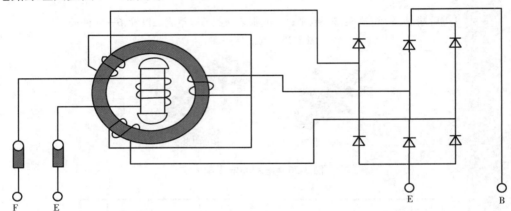

图 3-28　发电原理图

1. 交流电动势的变化频率 f 和转速、磁极对数成正比

$$f = \frac{pn}{60}(\text{Hz})$$

式中　p——磁极对数；

　　　n——发电机转速，r/min。

在交流发电机中，由于转子磁极呈鸟嘴形，其磁场的分布近似正弦规律，所以交流电动势的波形也近似正弦规律，如果发电机定子的三相绕组是对称绕制的，则产生的三相电动势也是对称的。

2. 三相交流发电机的感应电动势瞬时值表达式

$$e_U = E_m \sin \omega t = \sqrt{2} E_\phi \sin \omega t$$

$$e_V = E_m \sin\left(\omega t - \frac{2}{3}\pi\right) = \sqrt{2} E_\phi \sin\left(\omega t - \frac{2}{3}\pi\right)$$

$$e_W = E_m \sin\left(\omega t - \frac{4}{3}\pi\right) = \sqrt{2} E_\phi \sin\left(\omega t - \frac{4}{3}\pi\right)$$

式中　E_{m}——每相电动势的最大值；

ωt——电角速度；

f——交流电动势的频率(为转速的函数)；

p——磁极对数；

n——发电机转速,r/min;

E_{ϕ}——每相电动势的有效值。

3. 交流电动势波形

交流电动势的幅值是发电机转速的函数。因此,当转速 n 变化时,三相电动势的波形为变频率、变幅值的交流波形。三相桥式整流电路及电压波形如图 3-29 所示。

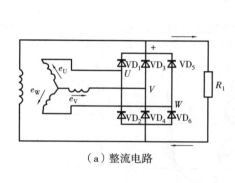

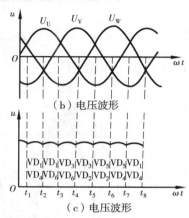

图 3-29　三相桥式整流电路及电压波形

(二)整流原理

交流发电机整流原理如图 3-30 所示。在交流发电机定子的三相绕组中,感应产生交流电,靠 6 只二极管组成的三相桥式整流电路整流为直流电。二极管具有单向导电性,当给二极管加上正向电压时,二极管导通;当给二极管加上反向电压时,二极管截止,二极管的导通原则如下:

当 3 只二极管负极端相连时,正极端电位最高者导通;

当 3 只二极管正极端相连时,负极端电位最低者导通。

对于 3 个正极管子(VD_1、VD_3、VD_5 正极和定子绕组始端相联),在某瞬时,电压最高一相的正极管导通。

对于 3 个负极管子(VD_2、VD_4、VD_6 负极和定子绕组始端相联),在某瞬时,电压最低一相的负极管导通。但同时导通的管子总是两个,正、负管子各一个。从而将发电机产生的交流转变为直流,如图 3-31 所示。

(三)中性点电压

1. 概念

中性点电压如图 3-32 所示。

图 3-30　交流发电机工作原理

在定子绕组为星形连接时,三相绕组的公共结点称为中性点,从三相绕组的中性点引一根

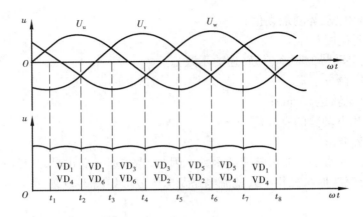

图 3-31　发电机发电波形

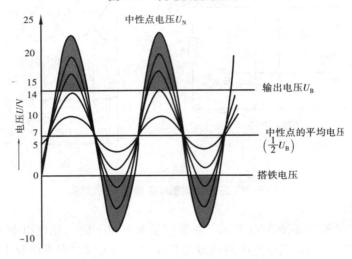

图 3-32　中性点电压

导线到发电机外,标记为"N",中性点对发电机外壳(搭铁)之间的电压 U_N 称为中性点电压,是通过 3 个负极管整流后得到的直流电压(即三相半波整流)。中性点电压为发电机输出电压的 1/2。

2. 中性点电压的用途

中心点电压常用来控制各种用处的继电器(如磁场继电器、充电指示灯继电等)增大功率输出。中性点电压的瞬时值是一个三次谐波电压,如图 3.32 所示,平均值为发电机输出电压(平均值)的 1/2,即

$$U_N = \frac{U_B}{2}$$

(四)励磁方式

励磁方式分为他励和自励两种。

①他励:交流发电机开始发电时,需先由蓄电池供给励磁电流(他励阶段)。

②自励:当发电机电压达到蓄电池电压时,即由发电机自己供给励磁电流,即由他励转为自励。

（五）电源系统电路图

电源系统电路图如图3-33所示。

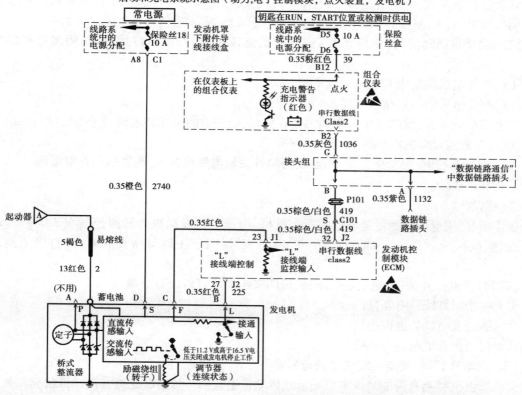

图 3-33 电源系统电路图

任务3 电源系统故障与诊断

一、常见充电系统故障

①发动机启动后,充电指示灯仍亮。

②发动机启动后,充电指示灯亮,发动机高速运行时,指示灯熄灭。

③汽车运行时,经常烧灯泡、熔丝及各种开关等电气设备。

④打开点火开关,充电指示灯不亮。

⑤汽车运行时,发电机或传动带有异响。

（一）发动机启动后,充电指示灯仍亮

①先检查发电机传动带是否有松滑现象。

②检查线路是否有短路、断路情况等。

③检查调节器的火线是否正常。

④若以上正常则做进一步的诊断。

将调节器的"＋"和"F"接柱导线拆下,并将两线短接后启动发动机。若充电指示灯熄灭,说明调节器有故障,更换调节器;若充电指示灯仍亮,用导线将一常火线引至发电机磁场接柱F,启动发动机,若发电,充电线路存在故障,若仍不发电,则发电机存在故障。

(二)发动机启动后,充电指示灯亮,发动机高速运转时,指示灯熄灭,说明发电机发电量低

①检查发电机传动带有无松滑现象。

②检查发电机的固定是否牢固。

③电刷接触不良、整流器中的个别二极管损坏、定子中的三相绕组或转子中的励磁绕组局部短路等,一般需要将发电机拆下,解体检查。

(三)汽车运行时,经常烧灯泡、熔丝及各种开关等电气设备,说明发电机发电量高

①调节器故障。

②线路故障。

在诊断时,用电压表测量蓄电池的两个极桩,测量时将发动机的转速控制在 2 000 r/min 左右,观察电压表的读数。如果读数大于 14.5 V,说明电压调节器有故障,可直接更换调节器。

(四)打开点火开关,充电指示灯不亮,说明充电指示灯线路有故障

①充电指示灯线路有断路的地方。

②可能是发电机的电刷损坏。

③可能是组合继电器有故障。

(五)汽车运行时,发电机或传动带有异响

交流发电机异响有可能是发电机轴承或传动带引起的。诊断时先检查传动带状况和张紧力,必要时可更换。检查轴承异响时,利用一段软管,或一把长一字形螺钉旋具,也可以用听诊器,将一端放在靠近轴承的地方,然后将耳朵贴在另一端倾听。在倾听过程中,可提高发动机的转速,随着转速的提高,噪声越来越大,则说明异响是由轴承引起的。在倾听过程中,应注意发电机周围的风扇、传动带和其他运动件。更换轴承时,发电机需要拆下解体。

二、交流发电机的故障检测

(一)测量各接线柱之间的电阻

①测量发电机的输出端子 B＋和搭铁端 E 之间的阻值(壳体或搭铁接线柱)。通过测量可以判断交流发电机整流器是否有故障,如有故障应将发电机解体进一步检测。

②测量发电机正电刷 F 接线柱和负电刷 E 之间的阻值,如图 3-34 所示。

通过测量各接线柱之间的阻值,不能确定交流发电机是否有无故障时,应进行试验台试验。

(二)零部件的检修

1.转子的检修

(1)励磁绕组的检修

用万用表测量励磁绕组的电阻,应符合标准。每个滑环与转子轴之间的阻值都应该是无穷大。检测方法如图 3-35 所示。

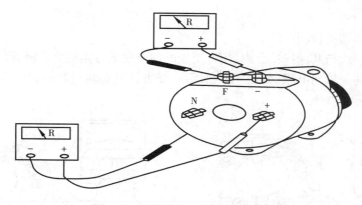

图 3-34　各接线柱之间电阻的测量

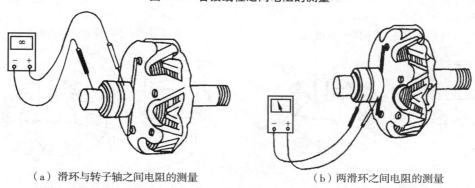

（a）滑环与转子轴之间电阻的测量　　　　　（b）两滑环之间电阻的测量

图 3-35　励磁绕组的检修

（2）转子轴和滑环的检修

转子轴的弯曲会造成转子与定子之间间隙过小而摩擦或碰撞,如发现发电机运转时阻力过大或有异响,应检查转子轴是否有弯曲。滑环应表面光滑,无烧蚀,厚度应大于 1.5 mm。

（3）轴承损坏

轴承的检修若发现发电机运转时有异响,应仔细检查是否因轴承的损坏而造成。

2.定子的检修

定子的检修如图 3-36 所示。

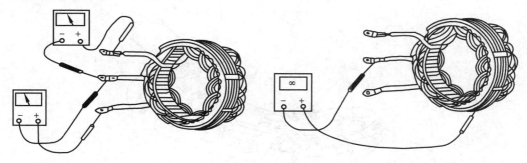

图 3-36　定子的检修

①定子绕组的断路和搭铁故障检测。

②定子绕组的短路故障检测。

3. 整流器的检修

(1) 普通整流器的检测

将二极管的引线与其他连接分离,用万用表的两个表笔分别接到二极管的引线与壳体上,测量二极管的正向与反向电阻,如图 3-37 所示。二极管的正向电阻应符合标准值,反向电阻应在 10 kΩ 以上。

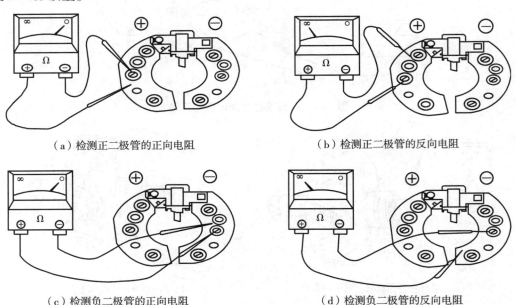

(a) 检测正二极管的正向电阻   (b) 检测正二极管的反向电阻

(c) 检测负二极管的正向电阻   (d) 检测负二极管的反向电阻

图 3-37　二极管检测

(2) 整体结构的整流器检测

整体结构整流器的整流板、正、负硅二极管全部焊装在一起,不可分解,如图 3-38 所示。

检测正极管时,将万用表的红表笔接 B,黑表笔依次接 P_1、P_2、P_3、P_4,均应导通;交换两表笔后再测,均应为无穷大,否则有正二极管损坏,需更换整流器总成。

检测负极管时将万用表的黑表笔接 E,红表笔依次接 P_1、P_2、P_3、P_4,均应导通;交换两表笔后再测,均应为无穷大,否则有负二极管损坏。

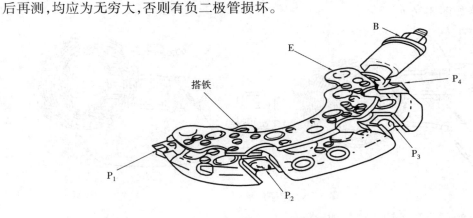

图 3-38　整流器

4. 电刷组件的检测

电刷和电刷架应无破损或裂纹,电刷在电刷架中应活动自如,不得出现卡滞现象。电刷露出电刷架部分的长度称为电刷长度,电刷长不应超出磨损极限(原长的 1/2),否则应更换。

电刷弹簧压力应符合标准,一般为 2 ~ 3 N,将电刷压入电刷架并使之露出部分约为 2 mm,另外,弹簧压力过小应更换。

发电机拆装

发电机拆装分解

项目 **4**
起动机

一、知识目标

1. 掌握起动机的结构、作用及分类。
2. 掌握起动机的工作原理。
3. 掌握起动机的故障分析与检修。

二、技能目标

1. 能正确描述起动机的结构、作用工作原理。
2. 能描述起动机在车上的安装位置。
3. 会对起动机进行拆装、检查、调整和性能检测。

任务 1　熟悉启动系统

启动系统由点火开关、启动继电器、起动机等组成,如图 4-1 所示。其功用是启动发动机,启动成功后可安全地退出工作。

一、起动机的类型

起动机的种类很多,从其结构、控制方式和啮合方式来分可分为如下几种:
①根据电动机种类的不同,分为电动励磁式起动机和永磁式起动机。
②根据控制机构的不同,分为机械控制式起动机和电磁控制式起动机。
③根据传动机构不同,分为惯性啮合式起动机、强制啮合式起动机、电枢移动式起动机、减速式起动机。

二、起动机的构造与型号

(一)起动机的构造
起动机的构造如图 4-2 所示。

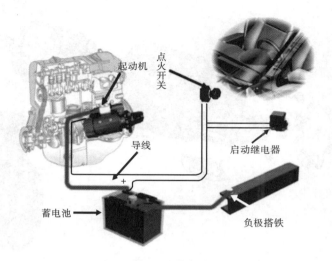

图4-1 启动系统

起动机由直流电动机、传动机构和控制装置3部分组成,如图4-2所示。

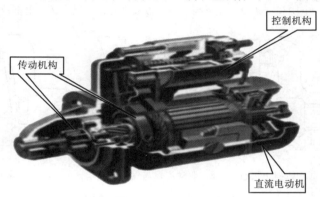

图4-2　起动机结构

1. 直流电动机

(1)作用

直流电动机的作用是将蓄电池输入的电能转换为机械能,产生电磁转矩。

(2)组成

直流电动机的组成如图4-3所示。

①磁极:产生磁场。

②电枢:产生电磁转矩。

③电刷组件:将直流电引入电枢绕组。

2. 传动机构

(1)作用

当启动发动机时,使启动小齿轮与飞轮齿圈啮合,将电动机的转矩传给发动机曲轴,在发动机启动后又能及时切断曲轴与电动机之间的动力传递。传动机构工作示意图如图4-4所示。

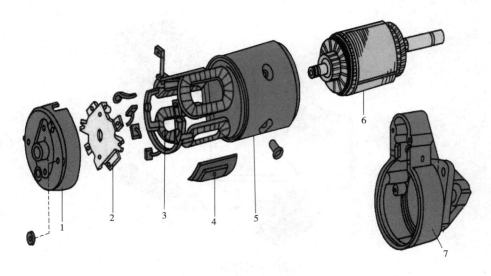

图 4-3　直流电动机

1—端盖;2—电刷和刷架;3—磁场绕组;4—磁极铁芯;5—机壳;6—电枢;7—后端盖

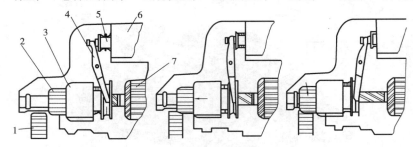

（a）起动机静止状态　（b）驱动齿轮与飞轮正在啮合　（c）完全啮合

图 4-4　传动机构工作示意图

1—飞轮;2—驱动齿轮;3—单向离合器;4—拨叉;5—活动铁芯;6—电磁开关;7—电枢

（2）组成

①移动叉:推动驱动齿轮与飞轮结合。

②单向离合器:单方向传递力矩。

3.控制机构

①控制机构也称操纵机构或电磁开关,其作用是接通或切断直流电动机与蓄电池之间的电路,控制起动机小齿轮与发动机飞轮齿圈的啮合与分离。有些起动机的控制机构还具有在启动发动机时短路点火线圈附加电阻的作用。

②组成:电磁开关、启动继电器、点火启动开关,电磁操控式控制机构结构示意图如图 4-5 所示。

（二）起动机的型号

起动机型号编码规则如图 4-6 所示。

①产品代号:起动机的产品代号为 QD、QDY、QDJ,分别表示起动机、永磁式起动机、减速式起动机。

②电压等级代号:1 ~ 12 V、2 ~ 24 V、3 ~ 6 V。

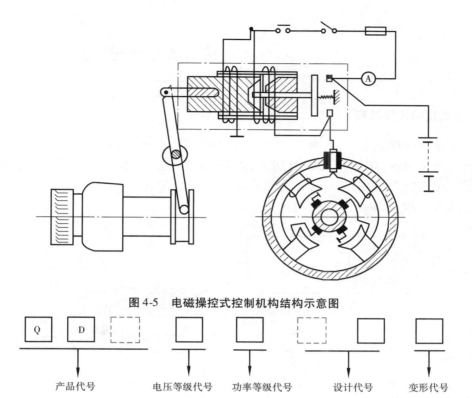

图 4-5　电磁操控式控制机构结构示意图

图 4-6　起动机型号编码规则

（产品代号　电压等级代号　功率等级代号　设计代号　变形代号）

③功率等级代号:1 代表 0～1 kW,2 代表 1～2 kW,…,9 代表 >8 kW。

④设计序号。

⑤变形序号。

一些常见汽车车型的起动机型号及类别如图 4-7 所示。

汽车车型	起动机型号	起动机类别
桑塔纳QD1225型轿车	QD2623型24 V 4.5 kW	电磁式起动机
东风EQ2102型轿车		
东风EQ1090型轿车	QD1215型	
解放牌CA1091型轿车		
桑塔纳2000GSi型轿车	DW1.4型	减速式起动机
丰田轿车		
切诺基轿车		
南京依维柯	QDJ1317型12 V 2.5 kW	
斯泰尔SX2190型汽车	QD2745型24 V 5.4 kW	同轴移动式起动机
奔驰Benz型汽车	KB型	

图 4-7　汽车车型、起动机型号及类别

任务2　熟悉起动机的工作原理

一、起动机的工作过程

起动机电路原理图如图4-8所示,其工作过程如下所述。

①点火开关接通,电磁离合器产生吸力,活动铁芯带动拨叉推动驱动齿轮与飞轮啮合。

②直流电动机产生电磁转矩驱动飞轮旋转。

③点火开关断开,驱动齿轮回位。

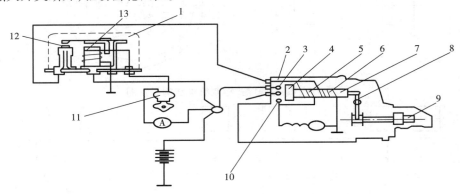

图4-8　起动机电路原理图

1—起动继电器;2—起动机;3—起动机蓄电池接线柱;4—接触片;5—吸引圈;
6—保持线圈;7—铁芯;8—驱动杠杆;9—小齿轮;10—电动机接线柱;11—启动开关;
12—起动继电器触点;13—起动继电器线圈

（1）未启动时

启动开关关闭,电磁开关的吸拉线圈和保位线圈均未通电,电磁开关内铁芯在弹簧力下回位,电磁开关内主触点断开,起动机驱动齿轮与飞轮齿圈没有啮合。

（2）启动刚开始状态

启动时,接通启动开关,起动机电路通电,电磁开关的吸拉线圈和保位线圈通电,产生很强的磁力,吸引铁芯右移,并带动拨叉绕其销轴转动,使驱动齿轮移出与飞轮齿圈啮合。与此同时,由于吸拉线圈的电流通过电动机的绕组,电枢开始转动,齿轮在旋转中移出,齿轮与飞轮迅速啮合。

（3）启动状态

齿轮与飞轮迅速啮合后,当铁芯移动到使电磁开关内主触点闭合的位置时,吸拉线圈被短路,失去作用,保位线圈所产生的磁力足以维持铁芯处于开关吸合的位置。强大的电流通过电磁开关内主触点进入定子和转子,起动机高速旋转,发动机被启动。发动机工作后,曲轴高速旋转,单向离合器立刻打滑,防止发动机飞轮带动电枢高速旋转,造成电枢绕组"飞散"的故障。

二、汽车启动控制电路的识读

汽车启动控制电路有3种形式,即不带启动附加继电器的启动控制电路,如图4-9所示,带启动附加继电器的启动控制电路和带启动保护的启动控制电路。

在识读汽车启动控制电路时都可以将启动电路分为两个部分:一部分是主电路,另一部分为控制电路。

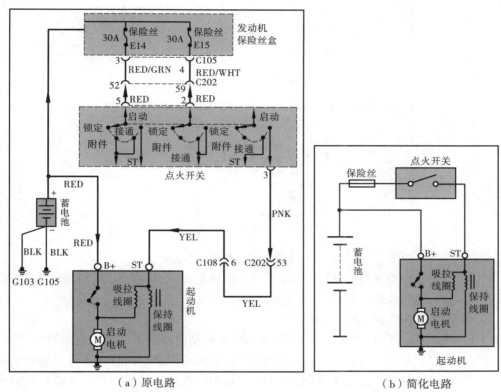

（a）原电路　　　　　　　　　　（b）简化电路

图4-9　不带启动继电器的启动电路（别克凯越）

（一）不带启动继电器的启动电路

电路分析如下所述。

控制电路。蓄电池正极→保险丝→点火开关后分两路:一路经电磁开关内部的保持线圈→搭铁→蓄电池负极;另一路经电磁开关内部的吸拉线圈→起动机电机→搭铁→蓄电池负极。此时电磁开关动作,一方面使起动机主电路接通,另一方面使起动机小齿轮与飞轮接合达到使起动机带动发动机飞轮齿圈转动的目的。

主电路。蓄电池正极→起动机电磁开关内部的开关触点→起动机电机→搭铁→蓄电池负极。

（二）带启动继电器的启动控制电路

带启动继电器的启动控制电路是通过控制启动继电器内的电磁线圈,使继电器内部的常开触点闭合而接通启动电磁开关电路,使启动电磁开关工作,电路如图4-10所示。该电路在主电路上与不带启动继电器的启动电路相同,不同之处在控制电路上,应将控制电路分两级进行分析。

第一级控制电路:当点火开关置于 ST 挡时,蓄电池正极→AM2 保险丝→点火开关→空挡启动开关→启动继电器线圈→防盗 ECU。防盗验证通过后,从防盗 ECU 输出低电压信号,启动继电器线圈得电,其触点闭合。

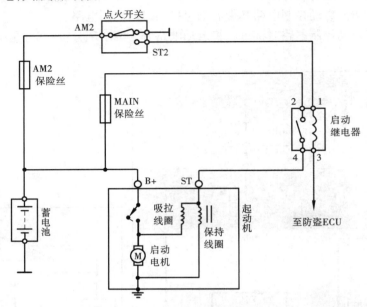

图 4-10　带启动继电器的启动电路

第二级控制:蓄电池正极→MAIN 保险丝→启动继电器触点→起动机 ST 端子后接通起动机电磁开关电路,从而接通主电路,使起动机工作。

(三)带启动保护的启动控制电路

图 4-11 所示为东风 EQ1091 型汽车启动电路,该启动电路最大的特点是带有组合启动继电器,具有启动保护作用。即在发动机运行状态下,如果因误操作而将点火开关转到启动挡,起动机不会工作,这样避免了飞轮在调整运转时,起动机驱动齿轮的啮入而造成打齿的现象。电路分析如下:

K_1 为启动继电器的常开触点,K_2 为充电指示灯继电器的常闭触点。其工作原理如下所述。

①启动时,点火开关置于 II 挡,复合继电器中的启动继电器磁化线圈 L_1 通电,其电路为:蓄电池正极→起动机主接线柱→熔断器→电流表→点火开关→复合继电器 SW 接线柱→线圈 L_1→触点 K_2→搭铁。

由于线圈 L_1 通电,则 K_1 闭合,接通起动机电磁开关电路,起动机正常工作。

②起动机启动后,发电机开始发电,发电机中性点接线柱 N 使线圈 L_2 有电流通过,K_2 断开,线圈 L_1 断电,触点 K_1 断开,使起动机电磁开关断电,起动机自动停止工作,同时充电指示灯熄灭。

③发电机工作时,由于发电机中性点电压的作用而使触点 K_2 常开,这时,即使将点火开关误打到 ST 挡,起动机也不会工作,防止误操作。

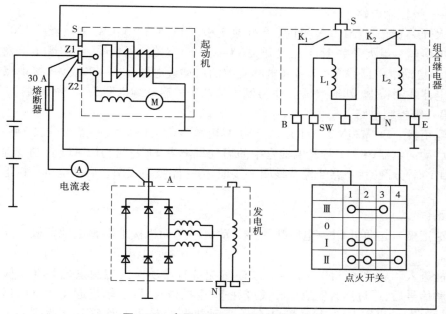

图 4-11 东风 EQ1091 型汽车启动电器

三、典型汽车启动控制的电路分析

图 4-12 所示为丰田凯美瑞轿车启动控制电路。

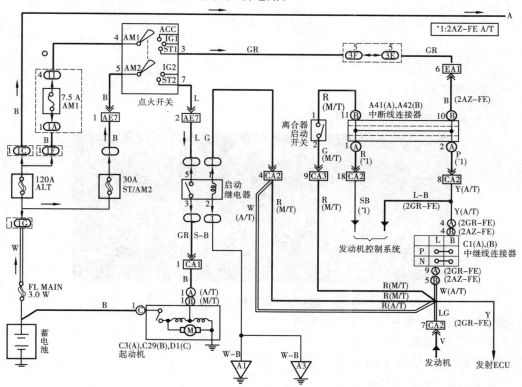

图 4-12 丰田凯美瑞轿车启动电路（不带遥控钥匙）

（1）第一级控制电路

当点火开关置于 START 位置时,蓄电池正极→FL MAIN3.0W 主熔丝→120 A 熔丝→7.5 A AM1 熔丝→点火开关 4#→点火开关 3#→驻车/空挡位置开关→1 号断电器盒中的启动继电器 1#→启动继电器线圈→1 号断电器盒中的启动继电器 2#→A1 或 A3 接地点接地。此时启动继电器线圈得电,其触点闭合,1 号断电器盒中的启动继电器 5#与 3#导通。

（2）第二级控制电路

蓄电池正极→FL MAIN 3.0 主熔丝→30 A 熔丝→点火开关 5#→点火开关 7#→1 号断电器盒中的启动继电器 5#→1 号断电器盒中的启动继电器 3#→起动机 A1(自动变速器 A1/手动变速器 B1)后分两路:一路经保持线圈→接地;另一路吸引线圈→启动电机→接地。电磁开关闭合。

主电路:

蓄电池正极→起动机 C1→电磁开关→起动机→起动机接地→蓄电池负极。此时起动机得电启动。

带智能进入和启动系统的丰田凯美瑞轿车配备有启动保持控制系统。ECU 检测到起动机中的启动信号后,通过离合器启动开关或驻车/空挡位置开关,输出起动机继电器驱动信号(STA 信号)至起动机继电器,起动机启动后,发动机开始转动。当 ECU 接收到一个稳定的发动机转速信号(NE 信号),更确切地说,当 NE 信号达到预设值后,ECU 停止输出 STAR 信号。ECM 还根据 STA 端子电压状态来监控启动继电器的运行情况。

任务 3　永磁式起动机的拆装与检修

一、起动机的拆装

①取下固定螺栓,如图 4-13 所示。

图 4-13　取下固定螺栓

②取下后盖固定螺栓,如图 4-14 所示。

③取下后盖,如图 4-15 所示。

④取下电刷架,如图 4-16 所示。

⑤取下电枢,如图 4-17 所示。

⑥取下永久磁铁,如图 4-18 所示。

图 4-14　拆卸磁场绕组后盖的紧固螺栓

图 4-15　取下后盖

图 4-16　取下电刷架

图 4-17　取下电枢

⑦取下三颗行星轮,如图 4-19 所示。

⑧取出单向离合器,如图 4-20 所示。

安装:同上反之。

图 4-18　取下永久磁铁

图 4-19　取下三颗行星轮

图 4-20　取出单向离合器

二、起动机的检修

1. 磁场绕组的检修

磁场绕组的故障有断路、短路和对地短路。

（1）磁场绕组断路的检查

用万用表测量磁场绕组两端的导通情况，如图 4-21 所示，若不通，则说明磁场绕组有断路现象。

（2）磁场绕组短路的检查

当怀疑磁场绕组有短路现象时，可用蓄电池的 2 V 直流电源检查磁场绕组有无短路，如图

图 4-21　磁场绕组断路的检测

4-22 所示。开关接通后,将旋具放在每个磁极上,磁极对旋具吸引力相同。若一级吸引力太小,表明磁场绕组有匝间短路。若各磁极均无吸力,则为断路。

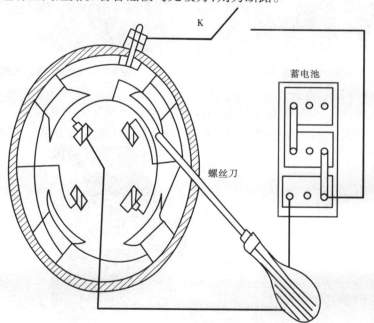

图 4-22　磁场绕组有无匝间短路的检查

（3）磁场绕组搭铁的检查

用万用表检查磁场绕组与外壳之间的电阻值,如图 4-23 所示。若导通,说明励磁绕组有搭铁故障。

2. 电枢绕组的检修

电枢绕组的故障主要是断路、短路和对地短路。

（1）电枢绕组断路的检查

用电阻挡检测,将两个表笔分别接触换向器相邻的铜片,如图 4-24 所示,测试换向器片之间是否导通,如不导通,说明焊点和电枢线圈断路,应修理或更换。

图 4-23　磁场绕组搭铁的检查　　　　　　　图 4-24　电枢绕组断路的检查

（2）电枢绕组搭铁的检查

用电阻挡检测，用一根表笔接触铁芯，另一根表笔依次接触换向器铜片，电阻为无穷大，如图 4-25 所示，如果导通，说明电枢绕组与电枢轴之间绝缘不良，应更换。

图 4-25　电枢绕组搭铁的检查

3. 电枢轴的检修

电枢轴的常见故障是弯曲变形，检查方法如图 4-26 所示，用百分表测量电枢轴的弯曲程度，径向跳动不大于 0.15 mm，否则应进行校正。

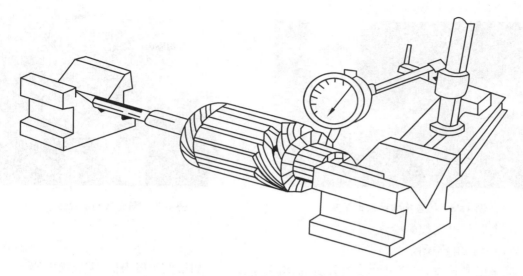

图4-26　电枢轴的弯曲检查

4. 换向器的检修

①检查换向器表面是否清洁,如有烧蚀、脏污,可以用细砂纸打磨修整,如图4-27所示,严重烧蚀或失圆(径向圆跳动 > 0.05 mm)时应进行机加工。

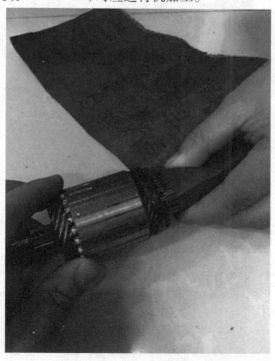

图4-27　用细砂纸打磨换向器

②检查换向器云母深度如图4-28所示,深度应为 0.5 ~ 0.8 mm;最浅应为 0.2 mm,如不符合标准,应修理或更换换向器。

③用游标卡尺测量换向器的外径,如图4-29所示,当磨损低于使用极限时,应更换。

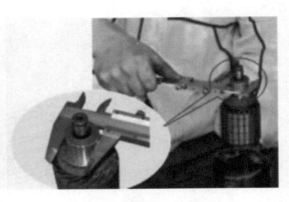

图 4-28　检查换向器云母深度　　　　　　图 4-29　测量换向器外径

5. 电刷与电刷架的检修

（1）检查电刷长度

测量电刷长度，检查电刷是否磨损，如图 4-30 所示。如果低于极限值，需更换电刷。

图 4-30　测量电刷的长度

（2）检查电刷架与底板之间绝缘情况

检查时可按图 4-31 所示，使用万用表进行检查，如果绝缘效果不好，必须更换。

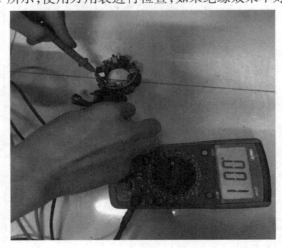

图 4-31　检查电刷与底板之间的绝缘情况

6. 单向离合器的检修

①握住外座圈,转动驱动齿轮,应能自由转动;反转时不应转动,否则就有故障,应更换单向离合器,如图4-32(a)所示。

②将单向离合器夹紧在台虎钳上,用扭力扳手反时针方向转动,如图4-32(b)所示,单向离合器应能承受规定的转矩不打滑。

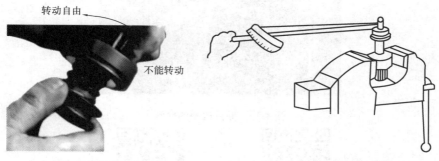

（a）单向离合器单向性检查　　　　　　（b）单向离合器力矩检查

图 4-32　单项离合器的检查

7. 电磁开关的检修

可用万用表测量线圈电阻的通断来判断电磁开关内部线圈有无断路。

（1）吸拉线圈检测

检查电磁开关50号接线柱与励磁绕组接线柱C之间的导通情况,如图4-33所示。如果不导通,线圈开路,应更换。

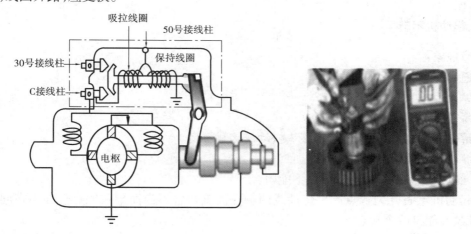

图 4-33　吸拉线圈的检测

（2）保持线圈检测

检查电磁开关50号接线柱与电磁开关壳体之间的导通情况,如图4-34所示。如果不导通,线圈开路,应更换。

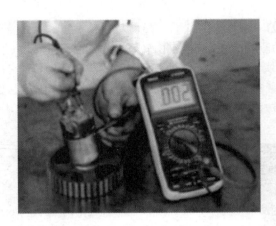

图 4-34　保持线圈的检测

起动机拆装
分解

丰田卡罗拉起
动机总拆装

任务 4　起动机常见故障

一、起动机不转

故障现象：

接通启动开关，起动机不转。

故障原因：

①蓄电池严重亏电。

②蓄电池正、负极柱上的电缆接头松动或接触不良。

③继电器线圈绕组烧毁或断路。

④继电器触点严重烧蚀或触点不能闭合。

⑤起动机电磁开关触点严重烧蚀或两触点高度调整不当而导致触点表面不在同一平面内，使触盘不能将两个触点接通。

⑥起动机电磁开关触点严重烧蚀或两触点高度调整不当而导致触点表面不在同一平面内，使触盘不能将两个触点接通。

维修思路：

①按喇叭或开前照灯，若喇叭声变小或前照灯灯光变暗淡，说明蓄电池容量过低或电源导线接触不良。

②蓄电池良好，应对蓄电池的正极线、搭铁线及各接线柱和总电源开关进行检查。若有脏污或松脱，应清洁或紧固。

③用金属条短接起动机电磁开关上的两个主接线柱（30 号接线柱与 C 接线柱），若起动机

不转且无火花,说明电动机有故障,应解体检修;若起动机运转,说明电动机正常。

④用导线连接电磁开关上的蓄电池正接线柱和 50 号接线柱(即吸引及保持线圈流入端)。若起动机不工作,说明电池开关有故障,应进一步检查电磁开关;若起动机工作,说明 50 号接线柱至蓄电池之间线路或点火开关有故障。

⑤用导线短接启动继电器的点火开关与电池接线柱。若起动机工作,说明点火开关及其连线有故障;若起动机不工作,说明继电器及其连线存在故障。

二、起动机运转无力

故障现象:起动机转动缓慢无力,带动发动机困难;接通启动开关后,起动机只有"咔哒"一声并不转动。

故障原因:

①蓄电池亏电或导线连接不良。

②电磁开关触点烧蚀、接触不良。

③电磁开关内部线圈断路或短路。

④起动机换向器过脏或电刷磨损严重。

⑤磁场绕组或电刷绕组局部短路。

⑥起动机装配过紧或电枢轴弯曲轴承间隙过大导致转子与定子碰擦。

维修思路:

①检查蓄电池容量和电源导线的连接情况。

②在确认蓄电池容量足够、线路连接良好的情况下,用金属条短接起动机电磁开关的两个主接线柱,如果短接后启动有力了,则可认为电动机有故障,或其搭铁不良,需进一步拆检。

③在接通启动开关后,起动机有连续的"咔哒"声。如果短接起动机电磁开关的两个主接线柱,起动机正常转动,说明电磁开关保持线圈断路或短路。

三、起动机空转

故障现象:

接通启动开关,起动机只是空转,不能带动发动机运转。

故障原因:

①飞轮齿圈磨损过大或损坏。

②电磁开关铁芯行程太短,驱动小齿轮与飞轮齿圈不能啮合。

③单向离合器打滑。

维修思路:

①操纵机构的故障造成起动机驱动齿轮不与飞轮齿圈啮合的空转,此时应检查电磁控制式起动机的接触盘的行程,若行程过小,则会使起动机提前转动,不能与飞轮齿圈啮合而出现打齿现象。

②起动机空转速度较快但无碰齿声音,说明是单向离合器打滑。

四、起动机异响

起动机在工作中出现异响存在以下几种故障,见表4-1。

表 4-1　起动机异响故障分析排除

故障现象	故障原因	维修思路
发动机能启动,启动前有频率非常高的噪声	驱动齿轮与飞轮齿圈之间的间隙过大	调整起动机的安装垫
发动机能启动,启动后释放点火钥匙时有频率非常高的噪声	驱动齿轮与飞轮齿圈之间的间隙过小	调整起动机的安装垫,并检查飞轮齿圈有无破坏,必要时更换齿圈
发动机启动后不关钥匙有非常大的噪声	起动机存放时间过长而生锈,单向离合器损坏	更换单向离合器
发动机启动后,起动机转速降到零时,有轰隆隆的敲击声	电枢轴弯曲或电枢轴不平衡	更换起动机电枢总成

五、案例

北京 BJ2020 汽车起动机故障的简易检查方法

北京牌 BJ2020 型汽车采用的 QD321 型(新型号为 QD121 型)电磁操纵式起动机,且有经久耐用的优点,但有时也会发生故障。

A. 启动继电器的检查。如接通点火开关启动挡后,起动机不能运转,则应先检查启动继电器。其方法是:取一导线将启动继电器的"电池"接线柱与"起动机"接线柱短接,若起动机运转正常,说明启动继电器损坏,应予更换。

B. 起动机电磁开关的检查。电磁开关的好坏,可通过"听"和"试"的方法进行检查。接通点火开关启动挡时,若能听到"啪"的一声响,说明电磁开关工作良好;若声音很弱、无吸力,则说明电磁开关有故障,多为某一线圈(吸引线圈或保持线圈)线路断路或短路;若完全无声响,说明电磁开关损坏。也可采取"试"的方法,即在接通点火开关启动挡后,取一导线试电磁开关"30"端子(来自蓄电池正极)的火花,若火花正常,则再试电磁开关"C"端子(接起动机的粗导线)的火花,若火花仍正常,说明起动机电磁开关正常,故障在起动机内部;若无火花,说明电磁开关不能导通电路,应调整电磁开关,使其能达到接触良好为止。

C. 起动机的检查。取一把螺丝刀,将起动机的"C"端子(接起动机电磁开关)与"30"端子(来自蓄电池正极)短接(注意时间要短,防止烧坏螺丝刀和蓄电池过度放电),若起动机空转正常,说明起动机基本正常;若起动机不转,则应观察短接时的火花状况。若无火花,说明起动机内部有断路;若火花强烈,说明起动机内部有短路。

D. 起动机运转无力的检查。先把车内照明灯打开,然后用起动机带动发动机运转,观察车内照明灯的亮度变化。若起动机一工作,灯光就由亮转暗或熄灭,说明蓄电池电荷量不足或蓄电池极桩接线不良。若灯光稍有变暗(这是起动机运转时的正常电压降所致),说明蓄电池正常,是起动机有故障而引起运转无力。起动机运转无力,一般是由内部线圈脱焊、电刷磨损过甚、电枢轴与轴承套配合间隙过大等引起的。其他车型的电磁操纵式起动机发生故障时,基本上也可参照上述方法进行检查。

项目 **5** 照明与信号系统

一、知识目标

1. 掌握灯光信号系统的结构、作用及分类。
2. 掌握灯光信号系统的工作原理。
3. 掌握灯光信号系统的拆卸、检验、调整、安装以及性能检测的方法。
4. 掌握灯光信号系统的故障分析与检修。

二、技能目标

1. 能正确描述灯光信号系统的结构、作用工作原理。
2. 能描述灯光信号系统在车上的安装位置。
3. 会对灯光信号系统进行拆装、检查、调整、性能检测。

任务1　熟悉照明系统的组成

一、外部照明装置

①前照灯：用于汽车夜间行车照明，有两灯制和四灯制之分。
②防雾灯：在有雾、下雪、暴雨或尘埃弥漫时改善道路的照明情况。每车为一只或两只。
③示宽灯：夜间行车指示汽车的宽度。
④牌照灯：夜间行车为汽车牌照照明。

二、内部照明装置

①仪表灯：仪表照明。
②顶灯：室内照明。
③其他辅助用灯：如发动机维修灯、行李箱照明灯等。

三、报警装置

①尾灯:夜间行驶时显示车辆的位置,警示后面的车辆。

②制动灯:制动时,发出较强的红光,以示制动。

③转向灯:指示汽车的行驶方向,一般前后都有,一般为橙色,接通时闪烁发亮。遇到紧急情况时,前后转向灯同时闪烁。

④停车灯:停车时点亮,提醒来往的车辆和行人。

⑤倒车灯:照亮车后路面,提醒车后的行人和车辆。

⑥喇叭:行车时发出声音提醒来往的行人和车辆。

⑦其他报警装置:倒车报警等。

任务 2   查找照明系统的安装位置

一、前部照明灯的安装位置

按照安装位置的不同可分为前部照明灯和后部照明灯,也可分为内部照明灯和后部照明灯,具体位置如图 5-1 所示。

右前转向灯

大灯　　右前雾灯　　　　　　　　　大灯　　左前小灯

图 5-1　照明灯位置

二、后部照明灯的安装位置

后部照明灯(图 5-2),主要为信号提示作用,让其他车辆可以在黑夜里注意到该车。

三、内部照明灯的安装位置

内部照明系统有阅读灯、顶灯、门灯仪表灯等,其功率一般都在 5~10 W,作为夜间在车内的照明系统。

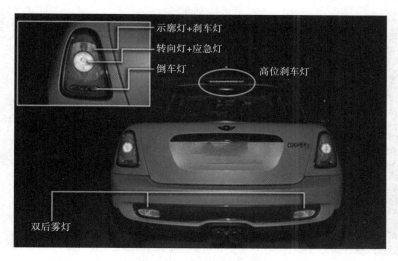

示廓灯+刹车灯
转向灯+应急灯
倒车灯　　　　高位刹车灯

双后雾灯

图 5-2　后部照明灯

灯光的使用

任务 3　熟悉前照灯的结构特点

一、前照灯的基本要求

（一）灯泡

①灯泡应有一定的机械强度,在振动和轻度碰撞时不易损坏,使用寿命长。

②发光效率高,节约电能。

③灯丝尺寸小,近于点光源,并能经受一定范围内电源电压的变化。

④灯泡还应具有避免前照灯眩目的作用。

眩目现象:强光突然射入眼睛时会刺激视网膜,眼睛因瞳孔来不及收缩而看不清物体,这种现象称为眩目。

（二）充气灯泡

充气灯泡如图 5-3 所示。

①电压:6、12、24 V。

②功率:国产灯泡为远光 45～55 W,近光 30～40 W。

③灯丝:双灯丝,功率较大(粗)的为远光灯丝,功率较小(细)的为近光灯丝。

④材料:钨丝。灯内抽真空充满氩、氮混合惰性气体(受热膨胀,增压-减小钨丝蒸发,提高寿命,且增压升温-使发光率高)。

⑤形状与作用:螺旋状,以利于聚光。

-

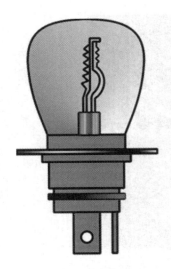

图 5-3　充气灯泡

⑥安装定位：通过插头、插座定位装配，保证远光灯丝位于抛物面的焦点，近光灯丝在焦点的前上方。

（三）卤钨灯泡

卤钨灯泡如图 5-4 所示，是在惰性气体中渗入碘、氯、氟、溴等卤族元素，在高温下，升华的钨丝与卤素进行化学作用，冷却后的钨会重新凝固在钨丝上，形成平衡的循环，避免钨丝过早断裂。因此卤素灯泡比白炽灯使用寿命更长。在相同功率的情况下，卤钨灯泡的亮度是充气灯泡的 1.5 倍，使用寿命是充气灯泡的 2~3 倍。

（四）氙气灯

氙气灯是指内部充满包括氙气在内的惰性气体混合体，是用包裹在石英管内的高压氙气替代传统的钨丝，提供更高色温、更聚集的照明。由于氙灯是采用高压电流激活氙气而形成的一束电弧光，可在两电极之间持续放电发光。普通汽车钨丝灯泡的功率达到 55 W，而氙灯仅需 35 W，降低近 1/2。氙气灯可明显减轻车辆电力系统的负担，氙气灯泡如图 5-5 所示。

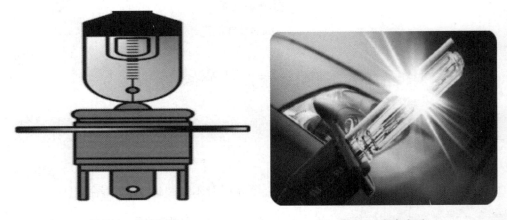

图 5-4　卤钨灯泡　　　　　图 5-5　氙气灯泡

二、灯泡的型号

（一）按灯丝分类

灯泡按照灯丝数量分为单丝灯、双丝灯。其中双丝灯泡主要用于前照单灯系统及信号灯系统。灯丝类型分类如图 5-6 所示。

（二）按插脚分类

H1、H3、H4、H7 系列，灯泡用于前照灯。H8、H9、H10、H11、H12 系列单丝灯带有密封底座，如图 5-7 所示。

（三）按系列分类

1156/1157 系列自然色系列灯泡如图 5-8 所示。主要用于欧洲及亚洲车型信号系统，如转向灯、制动灯、备用灯等。168/194 系列，用于侧面转向信号灯、仪表、时钟照明等。DE3200 系

（a）双丝灯　　（b）单丝灯　　（c）卤钨灯　　（d）白炽灯　　（e）氙气灯

图5-6　单、双丝灯

H1　　　　　　　H3　　　　　　　H4　　　　　　　H7

H8　　　　　　　H9　　　　　　　H11　　　　　　　H12

图5-7　带有密封底座的单丝灯

列主要用于车内照明。彩色主要用于日本或欧洲车型。7440 /7443 系列,适用于日本车系。
3156/3157 自然色系列,主要用于美国车系的信号系统,如转向、制动、行车及备用灯等。

（a）DE3200系列　　　（b）7440/7443系列　　　（c）3156/3157系列

图5-8　自然色系列灯泡

三、反射镜、配光镜、透光原理

（一）反射镜

①前照灯灯泡的功率为40 ~ 60 W,因此灯丝发出的光度有限。如无反射镜反射光束,则
只能照亮汽车前方6 m的路面。

②反射镜的作用是将灯泡发出的光线聚合成平行光束导向前方,经过反射镜的光可以增
强几百倍至几千倍,使汽车前方150 ~ 400 m 范围的路面清晰可见。

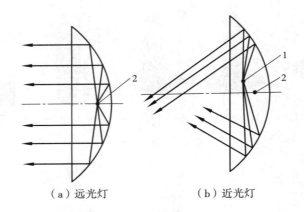

（a）远光灯　　　　　　（b）近光灯

图5-9　反射镜

1—近光灯丝；2—远光灯丝

③反射镜由薄钢板模压或由玻璃、塑料制成旋转抛物面形状，反射镜内表面镀有银、铝或铬，并采用抛光工艺加工，以提高发射能力。反射镜工作原理如图5-9所示。

（二）配光镜

为使照明范围内照度均匀，需要将反射镜反射出来的平行光束进行整形，故在前照灯上配装有配光镜，又称为散光玻璃。

配光镜的作用是将反射镜反射出来的光束在水平方向扩散、在竖直方向向下折射，使前照灯照射符合配光法规要求。由若干块棱镜和透镜组合，几何形状比较复杂。

配光镜是用透光玻璃压制而成，外形一般为圆形和矩形。当反射出的平行光束照射到凹透镜上时，凹透镜将使光束向水平方向散射，当平行光束照射到棱镜上时，棱镜将使光束向下折射，如图5-10所示。

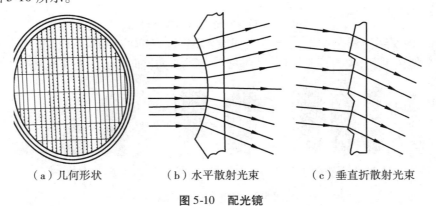

（a）几何形状　　　　（b）水平散射光束　　　　（c）垂直折散射光束

图5-10　配光镜

（三）透光原理

当灯泡、反射镜、配光镜组合在一起之后就形成了从古至今存在几百年之久的汽车照明大灯，其可人为控制照明的距离，且照明能力强，透光原理如图5-11所示。

四、前照灯的分类

按装备数量和反射镜的结构形式进行分类，可分为可拆式前照灯、半封闭式前照灯和全封闭式前照灯。

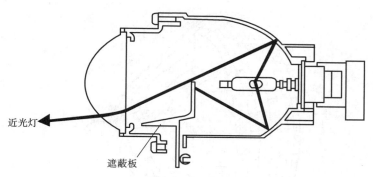

近光灯

遮蔽板

图 5-11　透光原理

（一）可拆式前照灯

该前照灯的配光镜靠反射镜边缘上的卡簧与反射镜组合在一起,并用箍圈和螺钉将它们固定在灯壳上。其密封性差,反射镜易受灰尘和潮气的污损而降低反射效率,目前已很少采用。

（二）半封闭式前照灯

配光镜依靠卷曲反射镜边缘上的矩形齿紧固在反射镜上,二者之间垫有橡胶密封圈,灯泡只能从反射镜后端安装。半封闭式前照灯如图 5-12 所示。

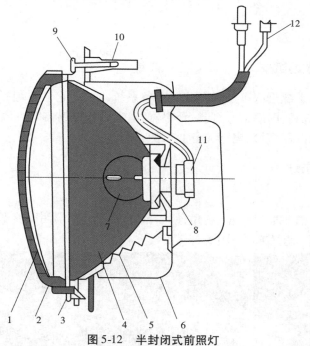

图 5-12　半封闭式前照灯

1—配光屏;2—固定圈;3—调整圈;4—反射镜;5—拉紧弹簧;6—灯壳;7—灯泡;
8—防尘罩;9—调节螺栓;10—调整螺母;11—胶木插座;12—接线片

（三）全封闭式前照灯

封闭式前照灯的反射镜和配光镜用玻璃制成一个整体,灯丝焊接在反射镜的底座上,灯内充入渗入卤族元素的惰性气体。其优点是密封性好,避免了反射镜被污染,使用寿命长,照明效果好。但当灯丝烧坏后,需更换整个前照灯,使用与维修成本较高。全封闭式前照灯结构如图 5-13 所示。

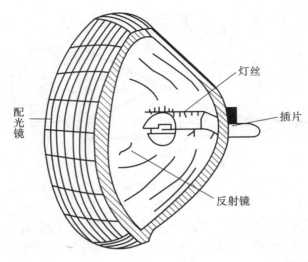

图 5-13　全封闭式前照灯

任务 4　认识灯光信号系统

一、灯光信号系统的组成

汽车照明与信号系统是汽车安全行驶的必备系统之一。它主要包括外部照明灯具、内部照明灯具、外部信号灯具、内部信号灯具、警报器、电喇叭和蜂鸣器等。汽车灯光信号灯包括转向信号灯、危险报警灯、示宽灯、尾灯、制动灯、倒车灯。

二、信号灯与指示灯

1. 转向信号灯

转向信号灯装于汽车前、后、左、右角,用于汽车转弯时发出明暗交替的闪光信号,使前后车辆、行人、交警知其行驶方向,如图 5-14 所示。

图 5-14　转向信号灯

2. 转向指示灯

转向指示灯如图 5-15 所示,是用来显示车辆转向灯工作状态,通常为熄灭状态。当车辆驾驶员点亮转向灯时,该指示灯会同时点亮相应方向指示灯,转向灯熄灭后,该指示灯自动熄灭。

图 5-15　转向指示灯

3. 危险报警闪光灯

危险报警闪光灯(红三角里有个"!"的标志为其按钮开关),俗称双闪灯或双跳灯,是一种提醒其他车辆与行人注意本车发生了特殊情况的信号灯。危险报警闪光灯开关如图 5-16 所示。

图 5-16　危险报警闪光灯开关

在驾驶过程中如遇到浓雾或能见度低于 100 m 时,由于视线不好,不但应该开启前、后防雾灯,还应该开启危险报警闪光灯,以提醒过往车辆及行人注意,特别是后方行驶的车辆,应保持安全距离和必要的安全车速,避免紧急刹车引起追尾,危险报警闪光灯如图 5-17 所示。

图 5-17　危险报警闪光灯

4. 制动信号灯

制动信号灯(图5-18),又称刹车灯,包括汽车尾部的制动信号灯和高位制动信号灯,其目的是便于后方行驶的车辆发现前方车辆正在减速制动,防止追尾事故的发生。

图 5-18　制动信号灯

5. 示廓灯

示廓灯如图5-19所示,从字面上看,"示"是警示的意思;"廓"有轮廓之意,所以示廓灯是一种警示标志的车灯,用来提醒其他车辆注意的示意灯。安装在汽车顶部的边缘处,这既能表示汽车的高度又能表示宽度。安全标准规定车高高于3 m的汽车必须安装示廓灯。

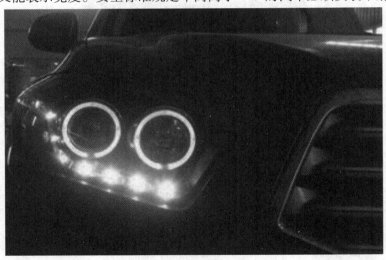

图 5-19　示廓灯

示廓灯开关有拨杆式和旋钮式,如图5-20所示。

6. 停车灯

停车灯是汽车设置的一种停车警示功能,当车子停靠路边时,开启外侧停车灯,以便在能见度较低情况下提醒过路车辆避免擦碰,如图5-21所示。

拨杆式开关：示廓灯开关通常位于第一个挡位，拧动开关即可开启。

示廓灯

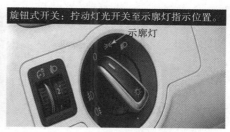
旋钮式开关：拧动灯光开关至示廓灯指示位置。

示廓灯

（a）拨杆式开关　　　　　　　　　　（b）旋钮式开关

图 5-20　示廓灯开关

图 5-21　停车灯

7. 后尾灯

后尾灯如图 5-22 所示，是指装在车辆后面的、通常主体颜色为红色的灯。主要指汽车后面用作对尾随车辆警示时的红色刹车灯（示宽灯）；起方向指示作用的琥珀色转向灯；起到辅助观察作用的白色倒车灯。

示廓灯：卤素灯泡

刹车灯：卤素灯泡

转向/应急灯：卤素灯泡

图 5-22　后尾灯

任务5 灯泡的拆装与检修

一、汽车大灯灯泡拆装

①拔下灯泡防尘罩及插头,如图 5-23 所示;用万用表检测灯泡供电线路是否正常,如图 5-24所示。

图 5-23 拔下防尘罩及插头

图 5-24 检测供电线路

②掰开固定卡簧,拿出灯泡,观察灯泡是否损坏,如图 5-25 所示。选择型号相同的新灯泡,按照固定位置装入大灯内,如图 5-26 所示。

图 5-25 掰开固定卡簧拿出灯泡

图 5-26 选择灯泡装入大灯内

③安上卡簧,插上灯泡插头,安好防尘罩,如图 5-27 所示;打开灯光开关,观察灯泡亮度及照射角度是否正常,如图 5-28 所示。

图 5-27 安装灯泡

图 5-28 检测照射角度

二、检测

（一）检查继电器

拆卸与检查继电器，继电器的位置如图 5-29 所示。

图 5-29　继电器的位置

远光灯继电器的检查方法如图 5-30 所示。

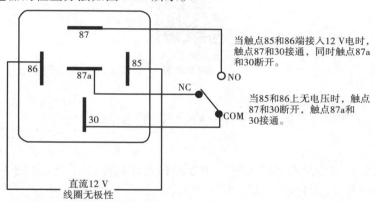

图 5-30　远光灯继电器的检查

（二）保险丝

1. 拆卸保险丝

在保险丝盒中找到远光灯保险丝，使用保险丝夹将该保险丝取下，保险丝盒位置如图 5-31 所示。

2. 检查保险丝

①目测 F21 保险丝是否烧断。

②如无法目测保险丝是否烧断，则可使用试灯检测，试灯不亮，说明保险丝已坏，需更换保险丝，如图 5-32 所示。或者选用万用表测量保险丝电压，若电源 0 V，说明保险丝已坏，需更换保险丝，如图 5-33 所示。

3. 安装新保险丝

安装新保险丝的步骤，如图 5-31—图 5-33 所示。

图 5-31　保险丝位置

图 5-32　试灯检查保险丝

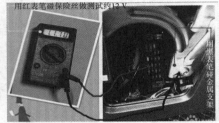

图 5-33　万用表检查保险丝

大众捷达汽车
喇叭的拆装

任务6　照明系统常见故障排除

照明系统常见故障有照明系统机械电路故障和大灯起雾、进水等,如图 5-34 所示。电路故障则仪表灯光故障指示灯点亮,如图 5-35 所示。

图 5-34　大灯进水、起雾

图 5-35　灯光故障指示灯

一、灯丝熔断

灯泡在长久的工作之后会产生损耗,损耗达到一定值就会熔断,如图 5-36 所示。通常遇见此等故障,只需要有备用的灯泡,就能自行更换修复。

二、保险丝熔断

汽车保险丝起到保护汽车电路原件的作用,当通过的电流过大时就会熔断,此时电路断路电子原件不能工作。熔断后的保险丝如图 5-37 所示。

图 5-36　灯丝熔断

图 5-37　保险丝熔断

通常的解决方法是更换保险丝,如果更换之后还继续出现保险丝熔断的情况,那就需要借助专用工具检测线路。

三、大灯内起雾、进水

大灯起雾是一个正常现象,就算是原厂车灯也会起雾。进水则是非正常现象,一般是因大灯密封性出现问题,或者是大灯外壳破裂而渗水。

起雾原因是大灯属于非封闭式状态,难免会因为内外温度差异产生水汽。

进水原因是大灯总成损坏,造成破裂,使得外界的水直接流入灯罩内。

（一）区别进水和起雾

①大灯进水,通常是从大灯上部进水,然后流到大灯下部,这样会形成明显的水流痕迹,类似瀑布一样,就算水干了,也会有一些痕迹存在,就像蜗牛爬过的道路会有痕迹一样。

②如果看到大灯只是下面形成水汽而上面还是很干净的,那么一般为起雾,属于正常现象。

（二）解决的方法

（1）车灯起雾的解决方法

通常在遇到车灯起雾时,只要正常使用大灯,1 周左右就会完全散去,如果特别严重的,可以打开车灯防水罩后盖,开启大灯,让氙气灯烘干里面的雾气,在冷却之后盖好防水罩后盖即可。

（2）车灯进水的解决方法

找到漏气口,用胶水密封,或者重新打胶密封,如果出气口被堵住需要清理,不够的话可以多开一个出气口,出气口要有海绵,并且最好是弯曲的。

大众宝来汽车
前后灯的拆装

任务 7　灯光系统电路识读

一、前照灯电路识读——丰田威驰大灯电路

当灯光控制开关位于"Taill"或"Head"挡时,蓄电池电压经熔断线和组合开关后,分别供电给小灯、尾灯、牌照灯、指示灯电路,点亮小灯、尾灯、牌照灯、指示灯,如图 5-38 和图 5-39 所示。

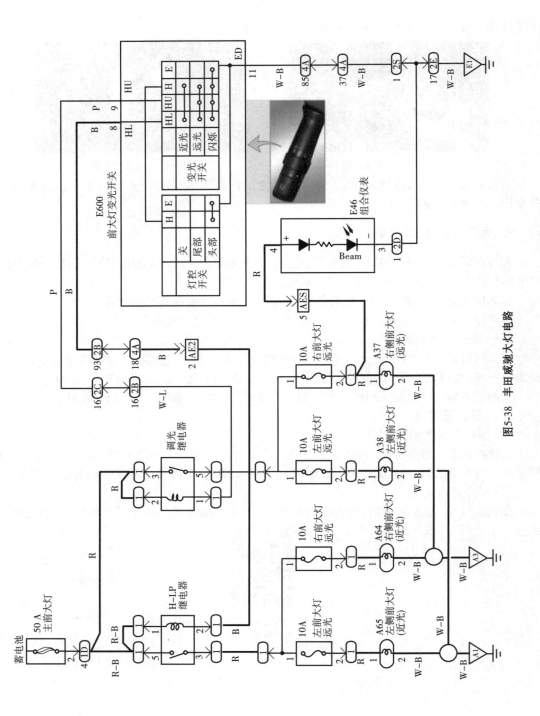

图5-38 丰田威驰大灯电路

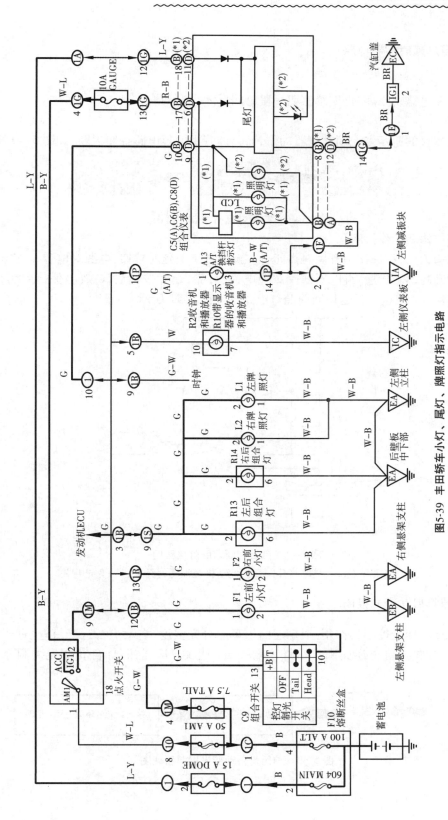

图5-39　丰田轿车小灯、尾灯、牌照灯指示电路

二、前照灯延时控制电路

1. 特点

前照灯在电路切断后,仍继续照明一段时间后才会自动熄灭。

2. 原理

利用晶体管的通断来控制继电器动作,而晶体管由电容电路控制通断,如图 5-40 所示。

图 5-40　前照灯延时控制原理图

3. 电路结构和工作过程

发动机熄火后,机油压力开关触点闭合。此时按下 1 延时按钮,电源对电容 C 充电,VT 基极电位逐渐升高,VT 导通,继电器线圈 2 通电,大灯亮;松开按钮后,C 放电保持照明,直到 C 电压下降到使 VT 截止。延迟切断前照灯电路图如图 5-41 所示。

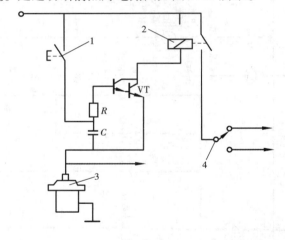

图 5-41　延迟切断前照灯电路图
1—按钮开关;2—继电器开关;3—发动机机油压力开关;4—变光开关

三、前照灯自动变光控制

前照灯自动变光控制的作用:根据迎面来车的灯光强度,自动进行近光灯丝、远光灯丝的切换,在夜间行驶时防止迎面来车车灯使驾驶员产生眩目。前照灯自动变光控制原理如图 5-42所示。

图 5-42　前照灯自动变光控制原理图

四、转向信号灯与危险报警闪光灯电路举例

丰田卡罗拉转向信号灯与危险报警闪光灯电路如图 5-43 所示。

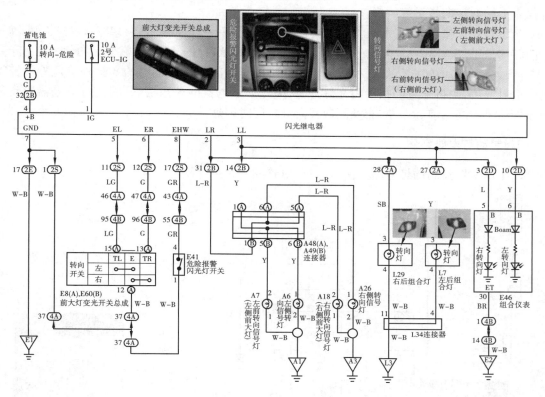

图 5-43　转向信号灯和危险报警闪光灯

闪光继电器的 5 角、6 角外接前照灯变光开关总成 E8（E60）。当 E8 置于"左"挡时,E8（E60）的 A15 脚与 A12 脚接通,信号经转向信号闪光灯继电器的 5 脚→前照灯变光开关总成 E8（E60）的 A15 脚→前照灯变光开关总成 E8（E60）的 A12 脚→E1 搭铁,此时,闪光灯继电器内部左转向触点闭合,电压经闪光灯继电器的 3 角输出,分为 3 路:

第一路经左后组合灯 L7→连接器 L34 的 4 脚→连接器 L34 的 1 脚→L3 搭铁,左后组合灯 L7 中的转向灯闪烁。

第二路经组合仪表 E46 的 6 角→组合仪表内部的左转向指示灯→组合仪表内部搭铁,组合仪表上的左转向指示灯闪烁。

第三路到连接器 A48（A49）的 A1 脚后又分为两路:一路从连接器 A48（A49）的 B5 脚→左前转向信号灯 A7→A1 搭铁;另一路从连接器 A48（A49）的 B6 脚→左侧转向信号灯 A6→A1 搭铁。此时左前转向信号灯和左侧转向灯均闪烁。

当 E8 置于"右"挡时,E8（E60）的 A13（B6）脚与 A12（B7）脚连通,信号经转向信号闪光灯继电器的 6 角→前照灯变光开关总成 E8（E60）的 A13（B6）脚→前照灯变光开关总成 E8（E60）的 A12（B7）脚→E1 搭铁,此时,闪光灯继电器内部右转向触点闭合,电压经闪光灯继电器的 2 脚输出,分为 3 路:

第一路经右后组合灯 L29→连接器 L34 的 11 脚→连接器 L34 的 1 脚→L3 搭铁,右后组合灯 L29 中的转向灯闪烁。

第二路经组合仪表 E46 的 5 脚→组合仪表内部的右转向指示灯→组合仪表内部搭铁,组合仪表上的右转向指示灯闪烁。

第三路到连接器 A48(A49)的 B1 脚后又分为两路:一路从连接器 A48(A49)的 A5 脚→右前转向信号灯 A18→A3 搭铁;另一路从连接器 A48(A49)的 A6 脚→右侧转向信号灯 A26→A3 搭铁。此时右前转向信号灯和右侧转向灯均闪烁。闪光灯继电器的 8 脚外接危险报警闪光灯信号开关,当按下危险报警闪光灯开关,闪光灯继电器的 8 角搭铁,闪光灯继电器收到危险告警信号,此时,前、后、左、右及侧向转向灯将同时闪烁。

五、制动灯电路举例

以丰田卡罗拉制动灯电路为例做分析,电路如图 5-44 所示。

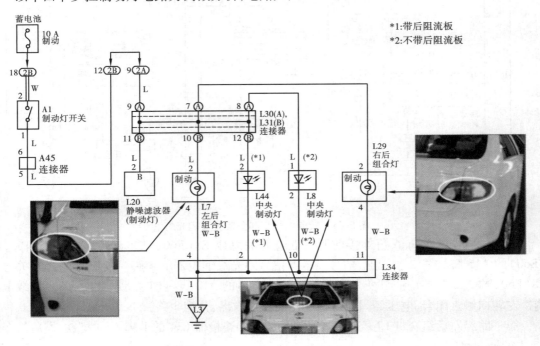

图 5-44 丰田卡罗拉轿车制动灯电路图

蓄电池电压经 10 A 制动熔丝后,供电给制动灯电路,按下制动灯开关,蓄电池电压→10 A 制动熔丝→制动灯开关→连接器 A45→连接器 L30(A)的 A9 脚后,分为 5 路:

第一路从连接器 L30(A)的 B10 脚→左后组合灯 L7 中的制动灯→连接器 L34→L3 搭铁,此时左后制动灯 L7 亮起。

第二路从连接器 L30(A)的 A7 脚→右后组合灯 L29 中的制动灯→连接器 L34→L3 搭铁,此时右后制动灯 L29 亮起。

第三路从连接器 L30(A)的 A8 脚→中央制动灯 L8→连接器 L34→L3 搭铁,此时中央制动灯 L8 亮起。

第四路从连接器 L30(A)的 B12 脚→中央制动灯 L44→连接器 L34→L3 搭铁,此时中央制动灯 L44 亮起。

第五路从连接器 L30(A)的 B11 脚→制动灯静噪滤波器 L20。

任务 8　拓　展

一、汽车前照灯的发展史

汽车刚诞生时,除了能跑就没有什么其他功能了,车灯也没有,所以马车上的煤油灯便成了最早的车用大灯。但是煤油灯的发光强度太低,夜晚行车不够安全,所以当时人们将克鲁平反光镜安置在煤油灯后,使煤油灯成为一盏"聚光灯",这便是车灯的雏形。早期汽车如图 5-45 所示。

图 5-45　早期汽车

二、乙炔灯时代:1905—1925 年

乙炔灯所能达到的亮度几乎是煤油灯的 2 倍,所以乙炔灯当仁不让地成了当时车灯的首选,一直沿用到 1925 年前后。乙炔灯外形如图 5-46 所示。

图 5-46　乙炔灯

乙炔灯在当时的优势是技术较为成熟,缺点也很明显。首先乙炔灯是依靠燃烧发光,燃烧

发光就意味着依旧怕水,尤其雨天行车会比较麻烦。其次,车灯使用过程中会产生大量的碱石灰,对皮肤会产生强烈的刺激性和腐蚀性,和安全行车的理念也是背道而驰的,因此也再一次推动了车灯的变革。

三、白炽灯、卤素灯、氙气灯

随着电灯的发展、耐用度的提升,白炽灯取代了乙炔灯。螺旋钨丝白炽灯相比于原来的碳丝白炽灯的照射强度提升了 50%。螺旋钨丝白炽灯的出现真正开启了汽车照明电气化发展的历史。卤素灯就是生活中我们使用白炽灯的升级版,加入卤族元素的应用,使白炽灯的亮度提高 1.5 倍,同时使用寿命也是普通白炽灯的 2 ~ 3 倍。

伴随着交通环境的变化以及汽车安全性、环保性的提高,白炽灯已经不能满足需要。白炽灯系列亮度不够,由于车速越来越快,在夜间以及低能见度的环境下,亮度不够直接影响车辆和行人的安全。针对白炽灯系列亮度低、费电、寿命短等不足,20 世纪 90 年代,专业的车灯制造商海拉将技术成熟的氙气灯推向了市场。

氙气灯打破了爱迪生发明的钨丝发光原理,即在石英灯管内填充高压惰性气体,取代传统的灯丝,以 23 000 V 高压电流刺激氙气发光,在两极间形成完美的白色电弧。氙气灯亮度是卤素灯的 3 倍,能耗是其的 1/2,使用寿命更是卤素灯的 7 倍。氙气大灯结构如图 5-47 所示。

不过刚开始应用的氙气大灯会给对面的司机造成眩光,造成安全隐患,运用自动大灯高度调节技术,解决了这方面的问题。

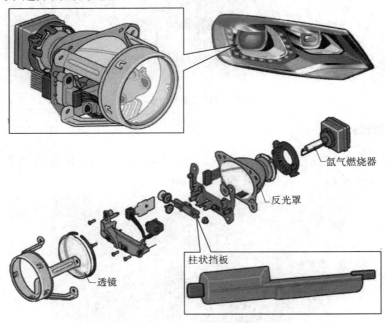

氙气燃烧器

反光罩

柱状挡板

透镜

图 5-47　氙气灯结构示意图

四、LED 大灯

继氙气大灯后,便是 LED 大灯,如图 5-48 所示。LED 大灯的优点在于节能、成本低、寿命长、响应速度快、元件体积小易于布置和造型设计等。

图 5-48　LED 大灯

五、激光大灯

和 LED 大灯相比,激光大灯所占体积更小,能耗更低,但是产生的光线强度要比 LED 强很多,激光灯源拥有近乎 LED 远光灯 2 倍的照射距离,照射范围大大增加。其原理是激光发光二极管的蓝光灯将会贯穿前大灯单元内有荧光的荧光粉材料,将其转换成一个扩散的白光。激光大灯结构如图 5-49 所示。

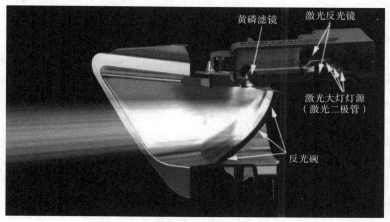

图 5-49　激光大灯结构解剖图

任务 9　认知汽车喇叭

一、功用

喇叭是汽车的音响信号装置。在汽车的行驶过程中,驾驶员根据需要和规定发出必需的音响信号,警告行人和引起其他车辆注意,保证交通安全,同时还用于催行与传递信号。

二、类型

汽车喇叭按声音动力分为气喇叭和电喇叭两种。汽车喇叭按其外形分为筒形、螺旋形和盆形3种。按发声频率分为高音喇叭和低音喇叭两种。

(一)气喇叭

气喇叭的工作原理是利用压缩空气的气流使金属膜片振动而发出声音,因此必须在带有空气压缩机的汽车上方能使用。因为气喇叭音量大,余音好,声音悦耳且传播较远。所以一般在大客车和重型货车上都装有气喇叭,特别是长途运输车在山区或弯道等地段行驶时,用气喇叭鸣笛,能有效地提醒行人和对方来车驾驶员的注意。气喇叭一般采用筒形,并使用高音与低音两个喇叭联合工作。

(二)电喇叭

电喇叭的工作原理是利用电磁吸力使金属膜片振动而发出声音。它是汽车上广泛应用的一种喇叭,按结构形式分为筒形、螺旋形和盆形3种,一般多制成螺旋形或盆形。

通常使用的电喇叭根据其工作方式可以分为机械式和电子式两种。其中电子喇叭又分为触点式和无触点式两种。触点式电喇叭利用触点的闭合与断开控制电磁线圈中励磁电流的通断,从而使铁芯(或衔铁)以一定的频率作上下移动,并带动金属膜片振动而产生声音。无触点电喇叭是利用电子线路来控制电磁线圈中励磁电流的通断,使铁芯以一定频率移动,并带动金属膜片振动而产生音响。无触点电喇叭因克服了触点式电喇叭的触点烧蚀、氧化而使喇叭变音的缺点,从而更加耐用。并且它的音色和音量比触点式电喇叭要容易调整,因此它是汽车喇叭的发展方向。

1. 螺旋形电喇叭

通过膜片不断振动,从而发出一定音调的音波,声音通过共鸣板和扬声筒加强后传出。共鸣板与膜片刚性连接,在振动时发出伴音,加强音量和改善音色,使声音悦耳动听。触点间并联有电容器。它起熄弧、保护触点、改善音色等作用。

2. 盆形电喇叭

其工作原理与螺旋形电喇叭相同,结构上也基本一致,只是没有扬声筒,声音靠共鸣板产生共鸣后传出。另外,磁路采用螺管式电磁铁,而不是E型铁芯,螺管式较E型电磁铁体积更小、电磁吸力更强。

3. 筒形喇叭

筒形喇叭一般都是气喇叭,外形多是长喇叭形,声音大且声调高,传播距离远,多用在跑长途的大、中型汽车上,城市内是禁用的。

三、工作原理

汽车电喇叭是靠金属膜片的振动从而发出声音。汽车电喇叭由铁芯、磁性线圈、触点、衔铁、膜片等组成,其结构如图5-50所示。

工作原理:当按下喇叭按钮10时,进入喇叭的电流由蓄电池正极→线圈2→触点7→喇叭按钮10→搭铁→蓄电池负极构成回路。线圈2通电后产生电磁吸力,吸动上铁芯3及衔铁6下移,使膜片4向下拱曲,衔铁6下移中将触点7顶开,线圈2电路被切断,其电磁力消失,上

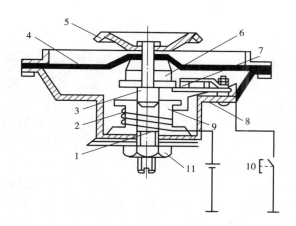

图 5-50 喇叭结构

1—下铁芯;2—线圈;3—上铁芯;4—膜片;5—共鸣板;6—衔铁;
7—触点;8—调整螺钉;9—电磁铁芯;10—按钮;11—锁紧螺母

铁芯3、衔铁6在膜片4弹力的作用下复位,触点7又闭合。如此反复一通一断,使膜片及共鸣板连续振动辐射发声。

汽车上装用单只电喇叭时,一般直接用喇叭按钮控制。但大多数汽车为了得到音色更好、更悦耳动听的音响效果,常常装用高、低音两种喇叭,甚至高、中、低3种不同音调的电喇叭,两个或一个电喇叭同时工作时,电流可达15 A或20 A。如果用喇叭按钮直接控制,大电流将很快把喇叭按钮烧坏,因此采用喇叭继电器。

按钮控制继电器线圈中电流的通断,再通过继电器触点控制喇叭。12 V电系的汽车上所用喇叭继电器,一般要求闭合电压不大于6 V,释放电压不小于3 V;继电器线圈通常为1 000匝,20 ℃时的电阻为26 Ω;继电器的额定电流一般选用20 A以上。盆形电喇叭工作额定电流通常为3~4 A,电流虽不大,但为了提高按钮的使用寿命,不少车上还是配置了喇叭继电器。

四、性能指标及参数

1. 额定功率

扬声器的额定功率是指扬声器能长时间工作的输出功率,又称为不失真功率,它一般都标在扬声器后端的铭牌上。当扬声器工作于额定功率时,音圈不会产生过热或机械振动过载等现象,发出的声音没有显示失真。额定功率是一种平均功率,而实际上扬声器工作在变功率状态,它随输入音频信号的强弱而变化,在弱音乐及声音信号中,峰值脉冲信号会超过额定功率很多倍,由于持续时间较短故不会损坏扬声器,但有可能出现失真。因此,为保证在峰值脉冲出现时仍能获得很好的音质,扬声器需留有足够的功率余量。一般扬声器能输出的最大功率是额定功率的2~4倍。

2. 频率特性

频率特性是衡量扬声器放音频带宽度的指标。高保真放音系统要求扬声器系统应能重放20~20 000 Hz的人耳可听音域。由于用单只扬声器不易实现该音域,故目前高保真音箱系统采用高、中、低3种扬声器来实现全频带重放覆盖。此外,高保真扬声器的频率特性应尽量趋于平坦,否则会引入重放的频率失真。高保真放音系统要求扬声器在放音频率范围内频率特性不平坦度小于 10 dB。

3. 额定阻抗

阻抗是指车载扬声器输入信号的电压与电流的比值,其单位为欧姆(Ω)。通俗说,阻抗也就是车载扬声器对电流所呈现出的阻力,阻抗并不等于就是电阻,而是包括电阻和电抗,即包括电阻和电感、电容产生的感抗和容抗 3 个部分,是这三者在向量上的总和。

在相同电压下,阻抗越高电流越小,阻抗越低电流越大。在功放与输出功率相同的情况下,低阻抗的车载扬声器可以获得较大的输出功率,但是阻抗太低又会造成欠阻尼和低音劣化等现象。通常,车载扬声器的阻抗越低,便越难推动。阻抗并不是一个常数值,而是随着播放音乐的频率而不断变化起伏,可能在某频率高到十几欧姆或二十几欧姆,也可能在某频率低到 1 Ω 或以下,一般以其谐振频率下共振峰之间所呈现的最低阻抗值来作为其标称值。目前,大部分车载扬声器的阻抗为 2 ~ 8 Ω。我国国家标准规定的音箱阻抗优选值有 4 Ω、8 Ω、16 Ω(国际标准推荐值为 8 Ω)。

4. 谐波失真

扬声器的失真有很多种,常见的有谐波失真(多由扬声器磁场不均匀以及振动系统的畸变而引起,常在低频时产生)、互调失真(因两种不同频率的信号同时加入扬声器,互相调制引起的音质劣化)和瞬态失真(因振动系统的惯性不能紧跟信号的变化而变化,从而引起信号失真)等。谐波失真是指重放时,增加了原信号中没有的谐波成分。扬声器的谐波失真来源于磁体磁场不均匀、振动膜的特性、音圈位移等非线性失真。目前,较好扬声器的谐波失真指标不大于 5%。

5. 输出灵敏度

大部分主机都有 1 组 RCA 输出,它能输出低电压信号,这样就可以从主机直接传输到外加的功率放大器上,主机通常有 1 ~ 3 对 RCA 输出,当然越多越好,这样频率划分会更加细致。输出灵敏度,其实就是 RCA 的输出电压一般为 0.2 ~ 4 V。选择高电压输出的主机,如达到 6 V,选择这对音响系统的输出功率提升会有很大的帮助。

6. 指向性

扬声器对不同方向上的辐射,其声压频率特性是不同的,这种特性称为扬声器的指向性。它与扬声器的口径有关,口径大时指向性尖,口径小时指向性宽。指向性还与频率有关,一般而言,对 250 Hz 以下的低频信号,没有明显的指向性。对 1.5 kHz 以下的高频信号则有明显的指向性。

7. 物理参数

扬声器的参数是指采用专用的扬声器测试系统所测试出来的扬声器具体的各种性能参数值。其常用的参数主要包括:Z、Fo、η0、SPL、Qts、Qms、Qes、Vas、Mms、Cms、Sd、BL、Xmax、Gap gauss。以下分别介绍这几种参数其物理意义。

①Z:扬声器的电阻值,包括额定阻抗和直流阻抗,单位:Ω,通常指额定阻抗。扬声器的额定阻抗 Z 即为阻抗曲线第一个极大值后面的最小阻抗模值,它是计算扬声器电功率的基准。直流阻抗 DCR 是指在音圈线圈静止的情况下,通以直流信号而测试出的阻抗值。人们通常所说的 4 Ω 或者 8 Ω 是指额定阻抗。

②Fo(最低共振频率):扬声器阻抗曲线第一个极大值对应的频率,单位 Hz。扬声器的阻抗曲线图是扬声器在正常工作条件下,用恒流法或恒压法测得的扬声器阻抗模值随频率变化

的曲线。

③η0(扬声器的效率):扬声器输出声功率与输入电功率的比率。

④SPL(声压级):喇叭在通以额定阻抗 1 W 的电功率的电压时,在参考轴上与喇叭相距 1 m的点上产生的声压,单位:dB。

⑤Qts:扬声器的总品质因数值。

⑥Qms:扬声器的机械品质因数值。

⑦Qes:扬声器的电品质因数值。

⑧Vas(喇叭的有效容积):密闭在刚性容器中空气的声顺与扬声器单元的声顺相等时的容积,单位:L。

⑨Mms(振动质量):扬声器在运动过程中参与振动各部件的质量总和,包括鼓纸部分、音圈、弹波以及参与振动的空气质量等,单位:g。

⑩Cms(力顺):扬声器振动系统的支撑部件的柔顺度,其值越大,扬声器的整个振动系统越软,单位:mm/N。

⑪Sd(振动面积):在扬声器的振动过程中,鼓纸/振膜的有效振动面积,单位:m^2。

⑫BL(磁力):间隙磁感应强度与有效音圈线长的乘积,单位:T * M。

⑬Xmax:音圈在振动过程中运动的线性行程,单位:mm。

⑭Gap Gauss:间隙磁感应强度值,单位:T。

五、使用及维护

(一)使用及维护注意事项

使用注意事项:

①洗车时切记防止喇叭被淋湿,发现喇叭进水应尽快用风枪吹干。

②尽量不要长时间按喇叭,这样容易造成喇叭触点过早烧蚀。

③喇叭出现故障时应尽量寻求专业维修技师帮助,不要盲目更换喇叭,容易造成不必要的浪费。

维护注意事项:

①经常保持喇叭外表清洁,各接线要牢靠。

②经常检查、紧固喇叭和支架的固定螺钉,保证其搭铁可靠。

③喇叭的固定方法对其发音影响较大。为了使喇叭的声音正常,喇叭不能做刚性安装,因而固定在缓冲支架上,即在喇叭与固定支架之间要装有片状弹簧或橡皮垫。

④经常检查发电机输出电压。电压过高会烧坏喇叭触点,电压过低(低于喇叭的额定电压)喇叭将发出异常声音。

⑤洗车时,不能用水直接冲洗喇叭筒,以免水进入喇叭筒而使喇叭不响。

⑥在检修喇叭时,应注意各金属垫和绝缘垫的位置,不可装错。

⑦喇叭连续发音不得超过 10 s,以免损坏喇叭。

⑧不可将异物放入喇叭,以免造成异常音。

(二)调整检修

1.音调调整

调整时应注意铁芯与衔铁四周的间隙一定要均匀、平正、不能歪斜,否则工作时极易发生互相碰撞,使喇叭产生刺耳的杂音。电喇叭音量的大小与通过喇叭线圈的电流大小有关,通过的电流越大,音量就越大,反之音量就小,调整触点压力可以改变音量。喇叭音量和音质的调整是互相关联的,因此需要反复调整才能获得最佳声音。

2. 喇叭检修

喇叭不响或声音嘶哑的主要原因有蓄电池存电不足、喇叭继电器和按钮损坏、喇叭损坏等。具体如下:

①检查喇叭的鸣声,如果感到鸣声不清脆,低沉而弱,大都是接点接触不良。

②反复按动喇叭的开关,如果喇叭有时鸣响,有时不鸣响,大都是按动开关内部的接点接触不好。

③左右转动转向盘,如果有较大的"嘶嘶"摩擦声,可以向相关的接点部位喷注一些润滑脂。

④如果喇叭完全不鸣响,首先检查熔丝是否熔断,然后拔下喇叭插头,用万用表测量在按喇叭开关时此处是否有电。如果没有电,应检查喇叭线束和喇叭继电器;如果有电,则是喇叭本身的问题,此时也可以试着调节喇叭上的调节螺母看是否能发声,如果还是不响,则需要更换喇叭。

⑤如果喇叭的鸣声沉闷,很可能是喇叭自身有故障,这时只要敲一敲喇叭,大都能得到改善。多是接头接触不良造成,特别是方向盘周围的线,由于使用频繁,容易导致出现磨损。

⑥密封不严易受潮,虽然喇叭的内部是密闭的,但如果密封不严就去洗车,容易进入雾气或水蒸气,水蒸气很容易导致触点受潮而无法正常工作。

⑦喇叭的工作情况在汽车低速行驶时,与蓄电池的工作情况有关,如果蓄电池的能量降低,则喇叭的声响也降低,要检查蓄电池蓄电量是否正常。

此外,在按喇叭按钮时,可用万用表或检视灯来查看,看看电流有没有通到喇叭的端子处,如果有电流通到端子处,但是喇叭却不响时,要用位于喇叭内侧的调整螺母来调整。

①将喇叭的调整螺杆的固定螺帽转松,接着转一下调整螺母。转动的方向会因喇叭的机能不同而有所不同,因此很难说要转向哪一边,但是必须先转动一点点,接着试按喇叭,然后再进一步转动。

②在喇叭声最好的地方固定调整螺母。

③将螺杆的固定螺帽固定住。

④如果音量不足的话,要在连接喇叭的端子处测电压,并和电瓶的电压相比较,如果其电压较低的话,要检视配线的连接点及线路。

经以上检测,喇叭不响的情况基本可以解决,平常要注意各触点烧蚀和接头接触不良问题,需要注意的是喇叭出现故障应尽量寻求专业的维修技师帮助,千万不要盲目更换喇叭,对喇叭的选择也要注意。

項目 **6**

汽车仪表

一、知识目标

1. 熟悉汽车指示灯、报警灯。

2. 掌握汽车仪表盘组成。

3. 熟悉仪表盘的工作原理。

二、技能目标

1. 了解各种汽车指示灯、报警灯所表达的意义。

2. 会分析电路图。

3. 会拆装汽车仪表盘。

任务 1 认识汽车仪表指示灯、报警灯

汽车仪表盘是反映车辆各系统工作状况的装置,是驾驶员与汽车进行信息交流的重要接口。随着汽车电子技术的发展,汽车行驶状况和各机构、零部件的信息量显著增加,驾驶员在驾驶车辆时,必须更多、更及时地了解汽车和发动机的各种参数是否正常,以便及时采取措施,防止发生事故。

不同汽车的仪表不尽相同,但是普通汽车的常规仪表有车速里程表、转速表、机油压力表、水温表、燃油表、充电表等。

现代汽车仪表盘的面膜下制作了各式各样的指示灯或报警灯,例如冷却液液面报警灯、燃油量指示灯、清洗器液面指示灯、充电指示灯、远近光变光指示灯、变速器挡位指示灯、制动防抱死系统(ABS)指示灯、驱动力控制指示灯、安全气囊(SRS)报警灯等。各种指示灯如图 6-1 所示,各指示灯的名称见表 6-1。

随着电子技术的进步及新型传感器和新型电子显示元器件的陆续出现,汽车电子仪表已经被迅速采用。目前汽车上使用的电子仪表显示装置主要有发光二极管、真空荧光屏显示器和液晶显示器。

图 6-1　汽车仪表指示灯

1. 发光二极管

发光二极管结构简单,体积小,使用寿命长,现已逐渐取代传统仪表用的白炽灯泡。但发光二极管在环境渐暗的情况下显示效果好,而在阳光直射下难辨认。发光二极管只适用于显示文字信息和条块图形。

表 6-1　指示灯名称

序号	名　　称	序号	名　　称
1	前雾灯	19	转向系统锁紧警告
2	动力转向灯警示灯	20	远光灯
3	后雾灯	21	轮胎压力低
4	清洗液液位低故障灯	22	灯泡损坏指示灯
5	制动摩擦片磨损警告	23	外部照明故障警示灯
6	巡航控制	24	刹车警示灯
7	方向指示灯	25	柴油微粒过滤器警告
8	雨量光线传感器	26	拖车牵引警告
9	冬季模式	27	空气悬挂警示灯
10	信息指示灯	28	车道偏离警告
11	电热塞/柴油预热警示	29	催化转化器警示灯
12	霜冻警告	30	安全带未系上
13	发动机启动系统故障灯	31	停车制动灯
14	智能钥匙不在车内	32	电池/发电机警示灯
15	遥控门控锁发射器电池电量低	33	泊车辅助灯
16	汽车距离警示	34	需要维修
17	请按离合器踏板	35	自适应照明控制
18	踏下制动踏板指示灯	36	大灯控制范围

续表

序号	名　称	序号	名　称
37	后扰流板警示	51	车门未关警示灯
38	敞篷车顶警示	52	引擎盖未关警示灯
39	安全气囊警示灯	53	燃油液面低
40	手刹警示灯	54	自动变速器故障警告灯
41	燃油滤清器警告灯	55	限速器
42	安全气囊停用	56	悬架阻尼器故障
43	故障问题	57	机油压力低
44	近光灯	58	挡风玻璃除霜
45	空气过滤器污染	59	行李箱门未关警示灯
46	环保驾驶指示灯	60	稳定控制关闭
47	下坡行驶辅助指示灯	61	雨量传感器
48	高温预警	62	发动机排放警示灯
49	ABS 警示灯	63	后窗除霜
50	油量滤波器警告	64	擦拭汽车挡风玻璃

2. 真空荧光屏显示器

真空荧光屏由许多封装在真空玻璃容器里的电极组成,通过高速电子流撞击荧光材料而使其发光。真空荧光屏显示比发光二极管有更宽的色域,只用相当的工作电压,就可进行色彩显示,并且容易和控制电路连接,适用于显示各种不同的文字和图像。它具有很高的可靠性,读数方便,有很多颜色供选择,但易震碎。

3. 液晶显示器

液晶显示器的制作原理是液晶分子阵列在外加电场的作用下改变其倾斜方向。液晶分子的倾斜方向改变,使它的光学特性发生改变。液晶显示器具有显示面积大,显示清晰,耗能少,在阳光直射下显示不受影响,通过滤光镜可显示不同颜色等优点。目前,液晶显示屏应用十分广泛。

（一）各种指示灯详解

1. 机油压力指示灯

机油压力指示灯如图6-2 所示。

①作用:主要是用来提示发动机内机油的压力状况。

②判断:打开点火开关,指示灯点亮,启动后熄灭。若该指示灯常亮,说明该车发动机机油压力低于规定标准,需要维修。

2. 水温状态指示灯

水温状态指示灯如图6-3 所示。

水温状态指示灯主要用来显示发动机内冷却液的温度,只在车辆自检时点亮数秒,平时为

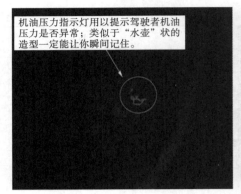

图 6-2 机油压力指示灯

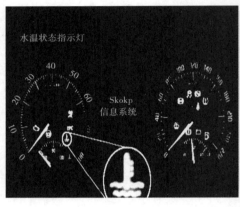

图 6-3 水温状态指示灯

熄灭状态。

3. 手刹指示灯

手刹指示灯如图 6-4 所示。

①作用：显示手刹车状态。

②判断：当手刹被拉起后，该指示灯自动点亮。

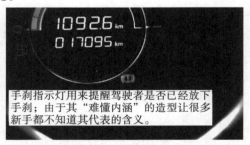

图 6-4 手刹指示灯

4. 蓄电池状态指示灯

蓄电池状态指示灯如图 6-5 所示。

作用：显示电瓶故障判断。该灯同样是在车辆自检时点亮，启动后熄灭。如果启动后该指示灯常亮，说明需要更换蓄电池了。

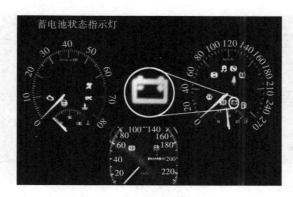

图 6-5　蓄电池状态指示灯

5. ABS 指示灯

ABS 指示灯如图 6-6 所示。

图 6-6　ABS 指示灯

判断：ABS 指示灯在开启发动机时未闪亮或者启动后仍不熄灭，表明 ABS 出现故障。

6. 安全带指示灯

安全带指示灯如图 6-7 所示。

显示安全带状态的指示灯，按照车型不同，灯会亮起数秒进行提示，或者直到系好安全带时才熄灭。

图 6-7　安全带指示灯

7. 发动机故障灯

发动机故障灯如图 6-8 所示。如果当点火开关转到"ON"位置时，该灯不亮，或发动机启动后该灯仍亮，或发动机运转时，该灯突然自动点亮，表明汽车的排放控制系统、发动机管理系统出现了故障。

图6-8　发动机故障灯

认识汽车仪表
与报警装置

任务2　熟悉汽车仪表盘的组成构造

现代汽车大多采用组合仪表。组合仪表一般由面罩、边框、表芯、印制电路板插接器、报警灯及指示灯等部件组成。有些仪表还带有稳压器和报警蜂鸣器。不同汽车的组合仪表中的仪表个数不同,一般包含的主要仪表有:燃油表、冷却液温度表、发动机转速表和车身里程表。仪表板上还要许多指示灯、报警灯、仪表灯等。

1. 车速里程表

(1)作用

车速里程表显示的是行驶速度,里程表能记录所行驶里程,汽车的保养可参照行驶里程进行。车速里程表实物如图6-9所示。

图6-9　车速里程表

(2)分类

车速里程表分为纯机械式、机械—电子式、纯电子式3种。现代汽车普遍采用电子式车速里程表。

（3）组成

车速里程表实际上由两个表组成，一个是车速表，另一个是里程表。

（4）工作原理

随着电子技术的发展，现在很多轿车仪表已经使用电子车速表，常见的一种是从变速器上的速度传感器获取信号，通过脉冲频率的变化使指针偏转或者显示数字。

（5）故障案例

车型：上海别克君威2.0轿车，行驶里程7 000 km。

故障现象：

用户反映该车在行驶过程中里程表始终不动。维修人员试车后发现，除了用户反映的里程表不动的故障外，ABS故障灯及发动机故障灯也都点亮。

故障分析：

若想维修此车的故障，首先需要了解别克君威轿车里程表的控制方式。众所周知，大多数汽车的里程表都是通过变速器的车速传感器给仪表传递信号，再由里程表显示。而别克君威轿车里程表的控制方式与它们有着本质区别。别克君威轿车的里程表是通过ABS控制单元接收车轮上的轮速传感器信号，经ABS控制单元对信号进行处理后，通过2级串行数据传递给仪表控制单元来控制里程表。同时，发动机控制单元PCM也通过2级串行数据来确认车辆的行驶速度。若PCM无法通过2级串行数据获取车辆的行驶速度，将会点亮发动机故障指示灯，并设置P0502或P0503的故障码。

通过以上对别克君威轿车里程表的控制方式的分析，维修人员将检查的重点放在ABS控制单元上。首先对车辆4个车轮处的轮速传感器信号进行检查，结果正常；继续检查ABS控制单元的供电、搭铁良好；检查2级串行数据系统线路也正常。通过以上的分析和检查，维修人员确认为ABS控制单元存在故障。在更换ABS控制单元后，清除故障码。

对于个别君威轿车，若出现更换了ABS控制单元并清除故障码后里程表仍不动的情况时，可拆下仪表总成，等待30 min后再装回即可。

2.转速表

作用：首先是看怠速，启动发动机待水温正常后怠速一般应该为800～1 000 r/min；其次作为换挡时机参考，一般控制在2 000 r/min左右及时换挡，转速太高会耗油，太低则汽车动力不足。转速表实物如图6-10所示。

图6-10　转速表

工作原理：如图6-11所示，利用电容器充放电的原理，由于C_2每次充、放电电量Q和电容量C以及电容器两端电压U成正比，即$Q=CU$，所以，以每个周期（T）内平均放电电流为：

$$I = \frac{Q}{T} = \frac{CU}{T} = CUf$$

式中　f——触点的开闭频率。

在电源电压稳定,充电时间常数为 R_3C_3 不变的情况下,C 和 U 是固定值,则通过毫安表的电流平均值与触点的开闭频率 f 成正比,因此毫安表的读数即可直接反映发动机的转速。

故障案例

故障现象:

一辆捷达 AT 轿车,行车时偶尔机油报警,转速表时有时无,自动变速器加速不换挡,进入应急状态,故障总是同时出现。

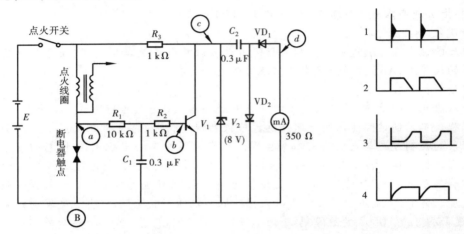

图 6-11　转速表工作原理

1—断电器断续电压;2—电压输入波形;3—C_2 的充电波形;4—C_2 的放电波形

故障分析:

捷达 AT 轿车的转速信号由发动机转速传感器 G28 取得,传给发动机控制单元,再由发动机控制单元输出两部分,一部分给仪表的转速表,另一部分给自动变速器控制单元利用该转速信号和其他信号,如车速信号和节气门开度信号等来控制换挡时机。捷达轿车的机油报警系统是靠发动机转速来判断机油压力是否正常的,当仪表接收不到转速信号时,自然机油报警灯会报警。故障同时出现,说明故障不应出在仪表或自动变速器系统。从转速表时有时无的现象入手,发动机系统正常,说明故障只可能出现在发动机控制单元的输出部分或相关线束。

解决步骤:

用故障诊断仪 V. A. G1551 检测,怠速时在转速表没有的情况下,发动机系统的转速数据正常,为 840 r/min,同时再进入自动变速器系统,显示发动机转速为 90 r/min,相差很大。问题应该出在发动机控制单元或相关线束。将发动机控制单元更换,做好防盗系统的匹配,启动发动机试车,一切正常。

3. 机油压力表

作用:用来指示发动机润滑系统机油压力的大小。大多车型现已省略,由机油压力警告灯代替。

组成:由机油压力表及传感器组成。

分类:常用的机油压力表有双金属片式、电磁式和动磁式 3 种。其中以双金属片式机油压力表应用最为广泛。

工作原理:当电路中有电流通过时,绕在双金属片上的线圈产生热量,造成传感器双金属片受热弯曲,使触点断开,切断电路,如图 6-12 所示。而指示表双金属片受热弯曲,使指针偏转,表示指示机油压力的大小。当机油压力很低时,膜片 2 几乎没有变形,这时作用在触点上的压力很小。

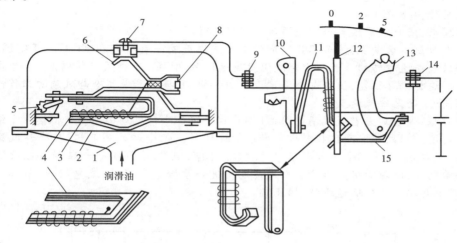

图 6-12　双金属片式机油压力表

1—油腔;2—膜片;3、15—弹簧片;4—传感器双金属片;5—调节齿轮;6—接触片;7—传感器接线柱;
8—校正电阻;9、14—指示表,接线柱;10、13—调节齿扇;11—指示表双金属片;12—指针

当电源开关接通时,电流由蓄电池正极→电源开关→接线柱 14→指示表,双金属片 11 的电热线圈→接线柱 9→接触片 6→分两路(一路流经传感器双金属片 4 的电热线圈;另一路流经校正电阻 8→双金属片 4→双金属片 4 的触点→弹簧片 3→搭铁→蓄电池负极构成回路)。

4. 水温表

作用:发动机冷却液温度表用于指示发动机冷却液的温度,判断发动机及发动机冷却系统是否正常。水温表实物如图 6-13 所示。

图 6-13　水温表

组成:温度指示表、温度传感器。

分类:温度指示表有双金属片式和电磁式两种,所用的传感器有双金属片式和热敏电阻式等不同形式。

工作原理:将双金属片式温度传感器的传热套筒置入发动机冷却液中,发动机冷却液的热量通过传热套筒传入传感器内部,使双金属片受热向上弯曲,因而传感器触点的接触压力会随发动机冷却液温度的上升而减小。双金属片上的加热线圈也是通过触点搭铁,加热线圈通电加热双金属片后,也会使双金属片向上弯曲而使触点断开。因此,当接通点火开关后,传感器内的触点会不断地张开闭合,使冷却液温度表电路中形成脉动电流。

案例分析

车型:2008年产别克君威2.0轿车。

行驶里程:4.8万km。

故障现象:用户反映该车冷却液温度表指针摆动。

维修人员试车后发现,该车不开空调时冷却液温度表一直稳定在90℃。开空调后,立即听到冷却风扇高速运转的声音。冷却液温度迅速降到70℃,冷却风扇停转后,冷却液温度又开始上升。这样循环往复,使冷却液温度表在70~90℃摆动。观察冷却风扇的工作情况。发现其只有高速,而无中低速。

解决步骤:查看别克君威风扇电路图(图6-14)得知冷却风扇由高、中、低速3个继电器分别控制其转速。用故障诊断仪指令冷却风扇低速运转。但冷却风扇未转,在冷却风扇插接器处接试灯,试灯点亮;再指令冷却风扇中速运转。情况相同,这说明冷却风扇存在故障。断开插接器测量电阻,发现断路。拆开冷却风扇电机进一步检查发现,限流电阻R_3断路。更换冷却风扇,指令其以高、中、低速运转,均正常。

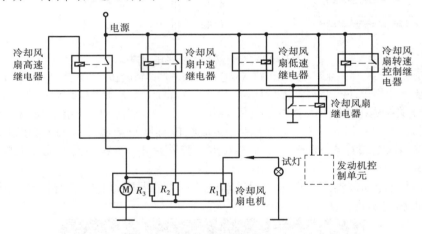

图6-14　别克君威风扇电路

5.燃油表

燃油表如图6-15所示。

图6-15　燃油表

作用:用以指示汽车燃油箱内的存油量。

组成:由带稳压器的燃油面指示表和油面高度传感器组成。

分类:主要分为数字显示燃油表和指针燃油显示表两种。

工作原理:电磁式燃油表工作原理如图6-16所示,发送器流出的电流通过一个电阻器,这个电阻器可能环绕在一个双金属片周围,也可能位于其附近。双金属片通过一个连杆与燃油表的指针相连。当电阻增大时,通过加热线圈的电流变小,因此双金属片会冷却下来。随着金属片的冷却,金属片会伸直,从而使燃油表从满指向空。

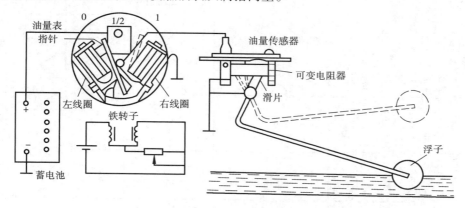

图6-16　电磁式燃油表工作原理

案例分析

车辆信息:奥迪A6L。

车型:C6。

故障里程:56 000 km。

故障现象:油表指示报警。

解决步骤:车辆没有故障码,根据经验应是油位传感器故障。先对仪表进行元件诊断,正常。拆下油泵主泵插头发现与2.0T的油泵插头针脚一致,替换一个后仪表仍报警。对油表传感器的针脚进行供电检测,用二极管试笔测量二极管灯闪亮。对正常的车辆进行测量也是闪亮,正常。线路暂时排除。查找TPL发现此车出现油表报警,要同时更换两个油泵总成。为了进一步确定原因,对油泵油位传感器进行测量,发现主泵油位传感器的搭铁线中间有断路现象,为什么一个断路会导致油表一点显示也没有?将断路处接好后单独浮动主泵传感器,仪表还是没有显示。拆下副泵两个传感器一起浮动时油表显示正常。

排除措施:更换油泵。

大众宝来仪表
盘总成拆装

丰田卡罗拉仪表
盘总成拆装

任务3　识读组合仪表系统电路图

别克凯越仪表电路分析如图6-17、图6-18所示。

汽车电器设备构造与维修

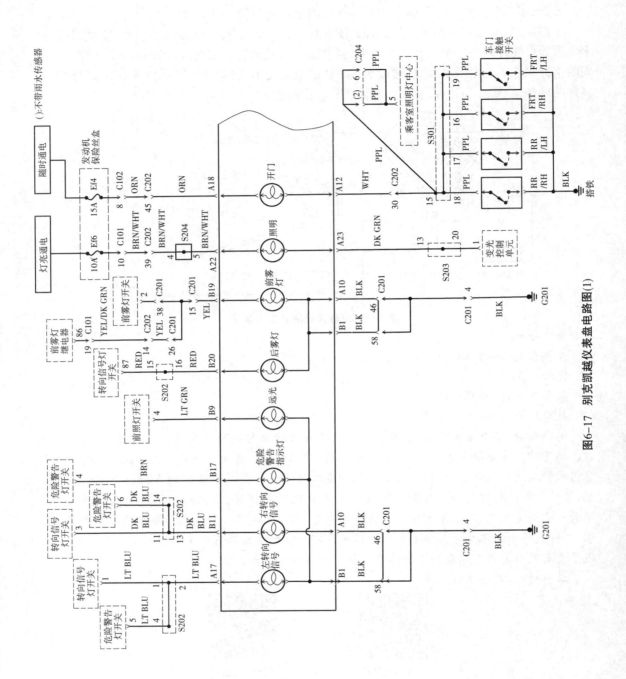

图6-17 别克凯越仪表盘电路图(1)

108

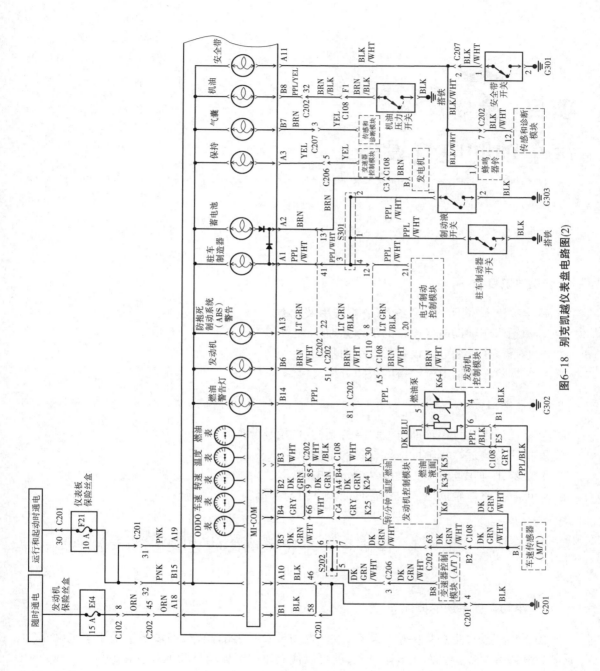

图6-18　别克凯越仪表盘电路图(2)

项目 **7**

汽车辅助电气设备

一、知识目标

1. 掌握汽车辅助电气设备的结构、作用及分类。
2. 熟悉汽车辅助电气设备的工作原理。
3. 掌握汽车辅助电气设备的电路图基础。
4. 掌握汽车辅助电气设备的故障分析与检修。

二、技能目标

1. 能正确描述汽车辅助电气设备的结构、作用及分类。
2. 能正确描述汽车辅助电气设备的工作原理。
3. 能够正确识读汽车辅助电气设备的电路图。
4. 能够对汽车辅助电气设备进行故障分析与检修。

任务 1　掌握电动车窗系统的结构和电路

一、电动车窗系统的概述

为了使驾驶员更加集中精力驾车,方便驾驶员及乘客的操作,许多轿车采用了电动车窗。驾驶员和乘客只需操纵车窗升降开关,就可以使汽车门窗玻璃自动上升或者下降。

装有电动车窗的车,在各个车门都装有玻璃升降开关的按钮,向上拨动玻璃上升,向下按玻璃下降。在驾驶员侧的车门上装有一个总开关,可以控制各个车门玻璃的升降,还可关闭全车的玻璃升降机构。

一触式电动车窗是指只需一次按下车窗控制按钮,车窗便会自动升起或降下。一触式电动车窗能够极大方便车内乘客的操作,有些厂家为了节约成本,只在驾驶员一侧安装一触式电动车窗。驾驶员侧车窗开关如图 7-1 所示。

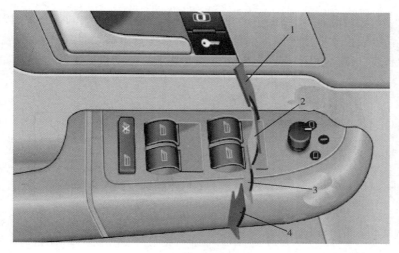

图 7-1　驾驶员侧车窗开关

1—自动上升;2—手动上升;3—手动下降;4—自动下降

二、电动车窗系统的组成

电动车窗系统由电动机、电动车窗升降机构、控制开关等组成,如图 7-2 所示。

（1）电动机

电动车窗的电动机是双向的,有永磁式,也有双绕组串联式。每个车门各有一个电动机,通过开关控制电动机中的电流方向,即电枢的旋转方向随电流的方向改变而改变,使电动机按不同的电流方向进行正转或反转,从而控制玻璃的升降。

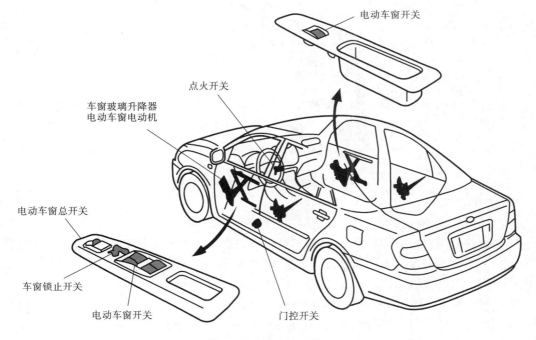

图 7-2　电动车窗系统

111

为了防止电动机过载,在电路或电动机内装有一个或多个热敏电路开关,以控制电流,当车窗玻璃上升到极限位置或由于结冰而使车窗玻璃不能自由移动时,即使操纵控制开关,热敏开关也会自动断路,应避免电动机通电时间过长而烧坏。电动机实物及电路图如图7-3所示。

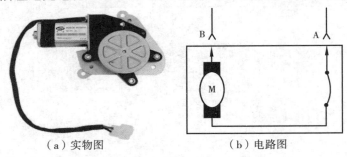

　　(a)实物图　　　　　　　　　(b)电路图

图7-3　电动机

(2)电动车窗升降机构

电动车窗升降机构有绳轮式(图7-4)、交臂式(图7-5)和软轴式(图7-6)等几种。

图7-4　绳轮式玻璃升降机构结构图

(3)控制开关

电动车窗的操作开关主要有车窗总开关、车窗分开关等。

①车窗总开关,如图7-7所示。电动车窗总开关控制整个电动车窗系统,即可以控制所有车窗。每个车窗的电动机都要通过总开关搭铁,即电流不但通过每个车窗上的分开关,还通过驾驶员车门的总开关;断开总开关上的锁止开关,分开关就不起作用。

②车窗分开关,如图7-8所示。安装在每个车门上,控制各自车窗玻璃;在车窗锁止开关锁止时,分开关不起作用;部分汽车,只有当点火开关在"ON"或"ACC"位置时,分开关才起作用。车窗分开关大多无自动功能。

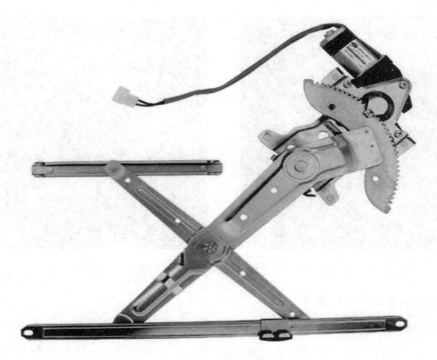

图 7-5　交臂式玻璃升降机构结构图

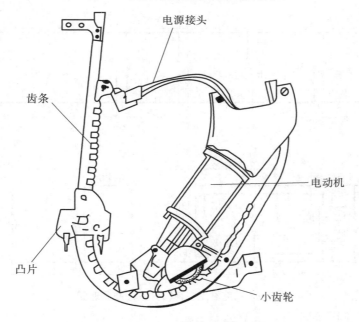

图 7-6　软轴式玻璃升降机构结构图

图 7-7　车窗总开关　　　　　　　图 7-8　车窗分开关

三、电动车窗系统的工作原理

1. 主开关的控制原理

别克君威左前窗开关控制电路原理如图 7-9 所示。左前窗开关一键式控制机械原理如图 7-10 所示。

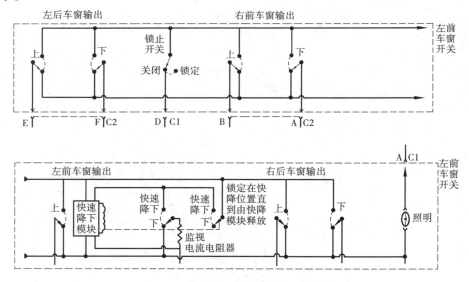

图 7-9　别克君威左前窗开关控制原理图

2. 分开关的控制原理

当开关置于不同位置时,电源从不同的触点引入,控制电机不同的工作模式,如图 7-11 所示。

3. 电动车窗系统的工作原理

电动车窗,就是通过车载电源来驱动玻璃升降器电动机,使升降器上下运动,带动车窗玻璃上下运动的装置,达到车窗自动开闭的目的。电动车窗可使驾驶员或者乘员坐在座位上,利

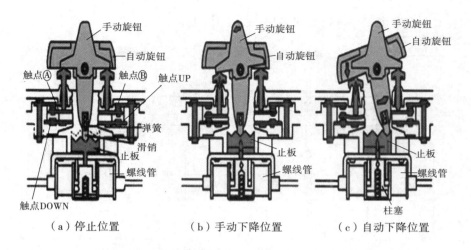

（a）停止位置　　　　　　　（b）手动下降位置　　　　　　（c）自动下降位置

图 7-10　别克君威左前窗开关一键式控制原理图

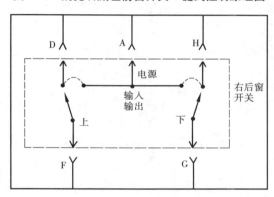

图 7-11　别克君威右后窗开关控制原理图

用开关使车门玻璃自动升降,操作简便并有利于行车安全,已成为各个主机厂车窗设计时的首选。电动车窗系统示意图如图 7-12 所示。

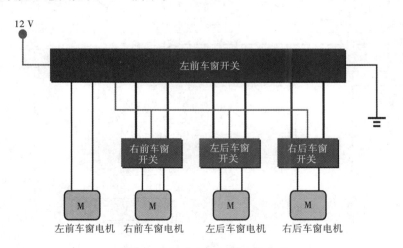

图 7-12　电动车窗系统示意图

别克君威左前车窗工作电路如图7-13—图7-15所示。

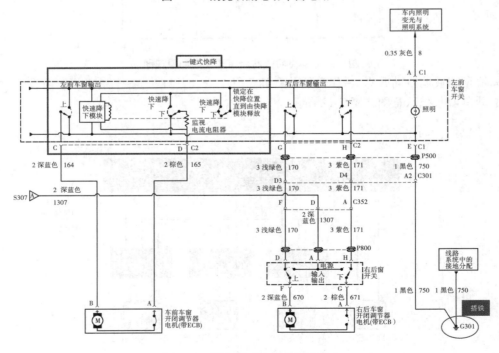

图 7-13　别克君威电动车窗电路 1

图 7-14　别克君威电动车窗电路 2

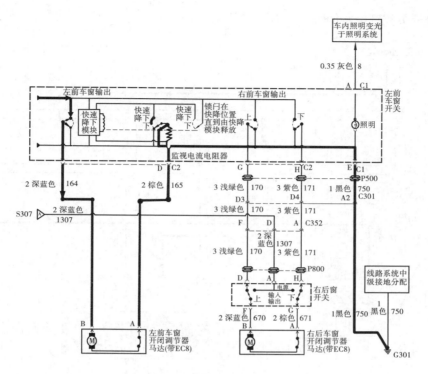

图 7-15 左前车窗上升电路 3

左前车窗快降主开关控制电路如图 7-16 所示。

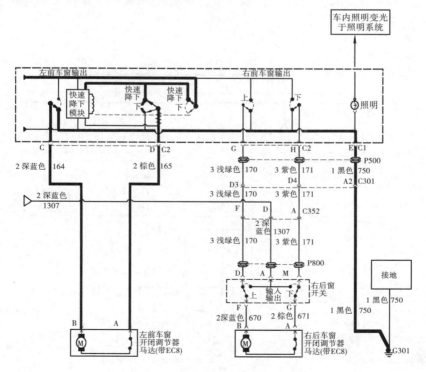

图 7-16 左前车窗快降电路

117

车窗分开关控制电路如图 7-17 所示。

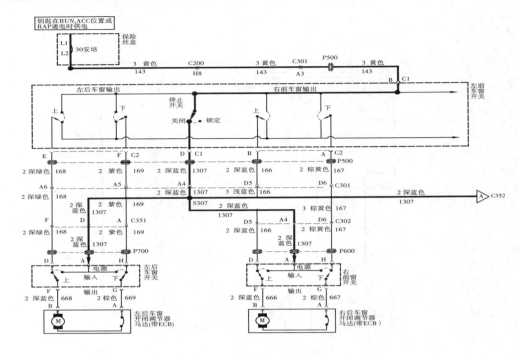

图 7-17　分开关控制电路图

车窗锁止电路如图 7-18 所示。打到锁定位置、所有分开关不能操作玻璃升降。

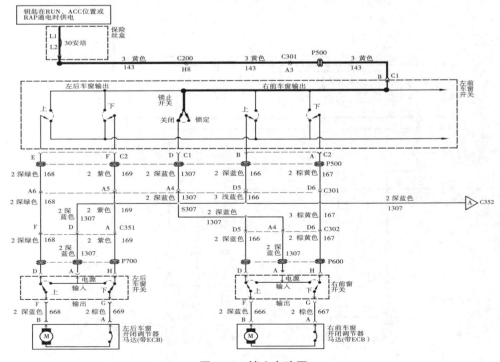

图 7-18　锁止电路图

四、汽车电动车窗原理

①大部分汽车的车窗举升器都采用非常灵活的连杆来举升车窗玻璃,同时保持其处于水平状态。将小型的电动机连接到一个蜗轮和几个其他直齿圆柱齿轮,以产成较大的齿轮减速比,从而提供足以升起车窗的扭矩。

②电动车窗的一个重要功能是电动车窗不能强制打开,传动结构中的蜗轮支持这一功能。由于蜗杆和齿轮之间存在接触角度,因此很多蜗轮都具有自锁功能。蜗杆可旋转齿轮,但齿轮不能旋转蜗杆。

③连杆带有一个长臂,此长臂与支撑车窗底部的杆相连。臂的末端在车窗升高时可以滑入杆的凹槽中。在杆的另一端是一个大盘,盘上刻有轮齿,电机可转动与这些齿接合的齿轮。电动车窗升降器在车门的位置如图 7-19 所示。

图 7-19   电动车窗升降器位置图

五、电动车窗故障维修

1. 玻璃升降器不工作

主要原因:熔断器断路;连接导线断路或相关插接件松脱;有关继电器、开关损坏;电动机损坏;搭铁线锈蚀、松动。

诊断与排查:首先检查熔断器是否断路,然后检查各插接件连接是否紧固可靠;检查电源线是否有电,电压是否正常;检查搭铁线是否良好可靠;最后检查开关、继电器及电动机是否损坏,如果确属零部件损坏,则应更换新件。

2. 某车窗不能升降或只能一个方向运动

主要原因:该车窗开关或电动机损坏;该处导线断路或插接件松脱;安全开关故障。

诊断与排查:首先检查安全开关是否正常,该窗的开关是否正常;再通电检查该窗电动机是否正常,如果有故障应检修或更换新件;若正常,应检修连接导线是否有断路处。如果车窗只能朝一个方向运动,一般是开关故障或相关导线断路,可先检查线路,再检查开关。

3. 升降机工作时有异响

主要原因:安装时未调整好;卷丝筒内钢丝跳槽;滑动支架内传动钢丝夹转动;电动机盖板或固定架与玻璃碰擦等机械故障。

诊断与排查:这类机械故障一般是安装位置或精度偏差所致,只需对所在位置的螺丝钉进行重新调整即可。检查车窗内是否有异物。

电动车窗的
结构和使用

汽车电动车
窗的拆装

任务2　掌握电动后视镜的结构和电路

一、电动后视镜系统的功用

汽车后视镜俗称倒车镜,通常分为车外和车内两种。车外后视镜如图7-20所示,主要是让驾驶员观察汽车左右两侧的行人、车辆以及其他障碍物的情况,确保行车或倒车安全。车内后视镜如图7-21所示,主要供驾驶员观察和注视车内乘员、物品以及车后路面的情况。

图7-20　车外后视镜

图7-21　车内后视镜

二、电动后视镜系统的组成

1. 车外后视镜的组成

车外电动后视镜由调整开关、电动机、传动和执行机构等组成,其结构如图7-22所示。一汽大众捷达电动后视镜开关如图7-23所示。

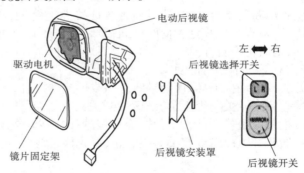

图7-22　电动后视镜组成

2. 车内后视镜

车内后视镜一般安装在车厢内,由一面特殊镜子和两个光敏二极管组成。自动防眩目后视镜如图7-24所示。工作原理:它装有两个光敏二极管,一个安装在后视镜正面,一个在背面,它们分别接收汽车前面及后面射来的光线。当后车的大灯射在车内后视镜上时,比较两个光敏二极管的信号可以判断后面的光强于前面的光,于是电子控制器就会施加电压给后视镜镜面的电离层,将其颜色变深,后面射来的强光就会被镜面吸收掉很大一部分,余下反射到驾驶员眼内的光线就会变得柔和。

图 7-23 电动后视镜开关

图 7-24 自动防眩目车内后视镜

三、电动后视镜系统的控制电路

别克君威车外后视镜电路如图 7-25 所示。

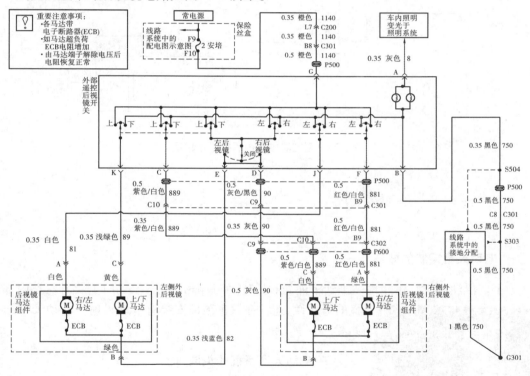

图 7-25 别克君威车外后视镜电路图

别克君威车内后视镜电路如图 7-26 所示。

四、电动后视镜故障诊断

常见故障:电动后视镜都不工作和电动后视镜部分功能不正常。

故障主要原因:保险装置及线路断路、开关及电动机有故障等。

诊断与排除:先检查保险装置是否正常,然后检查控制开关线头有无脱落、松动,电源线路或搭铁线路是否正常,最后检修控制开关。

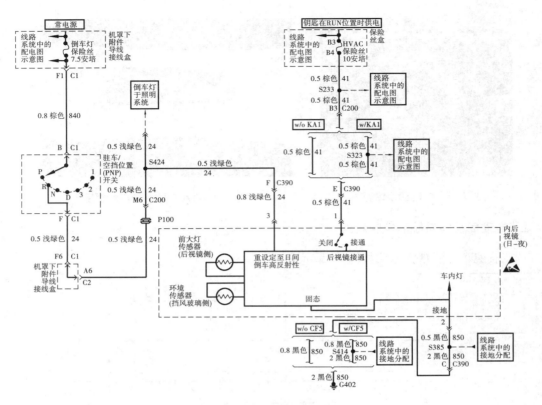

图 7-26　别克君威车内后视镜电路图

任务3　电动天窗系统认知

一、电动天窗系统的概述

为了使混浊的空气迅速地被排到车外,同时又能使新鲜的空气流入车厢,提升汽车内部环境的舒适性,通常在汽车顶部安装有电动天窗。电动天窗结构如图 7-27 所示。

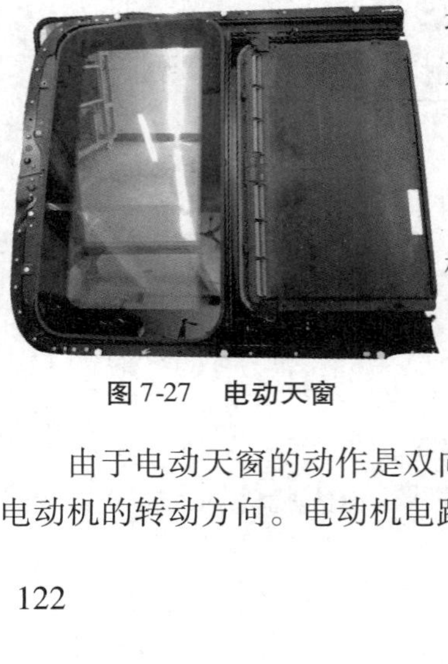

二、电动天窗系统的组成

电动天窗一般由玻璃窗及密封橡胶条、滑动机构、驱动机构、开关和天窗模块等组成,如图 7-28 所示。

三、电动天窗系统的工作原理

1.电动机的控制原理

图 7-27　电动天窗

由于电动天窗的动作是双向(升降)的,因此可以通过改变电动机的电流方向,从而控制电动机的转动方向。电动机电路图如图 7-29(a)所示,电动机实物如图 7-29(b)所示。

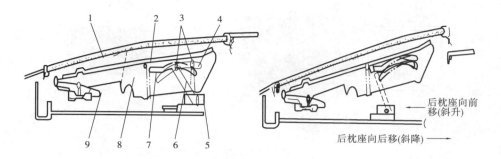

图 7-28　电动天窗的组成

1—天窗玻璃;2—导向块;3—导向销;4—导向槽;
5—后枕座;6—连杆;7—导向槽;8—托架;9—前枕座

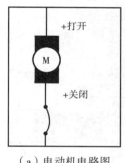

（a）电动机电路图　　　　　　（b）电动机实物图

图 7-29　电动机

2. 开关的控制原理

别克君威天窗开关电路和实物如图 7-30 所示。

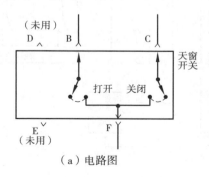

（a）电路图　　　　　　　　　（b）实物图

图 7-30　别克君威天窗开关

3. 电动天窗系统的工作原理

电动天窗工作原理如图 7-31 所示。

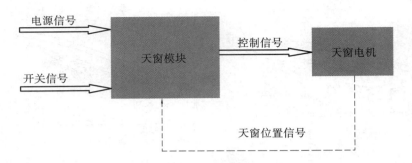

图 7-31　电动天窗系统的工作原理

四、电动天窗系统的控制电路

别克君威天窗工作原理电路如图 7-32—图 7-39 所示。

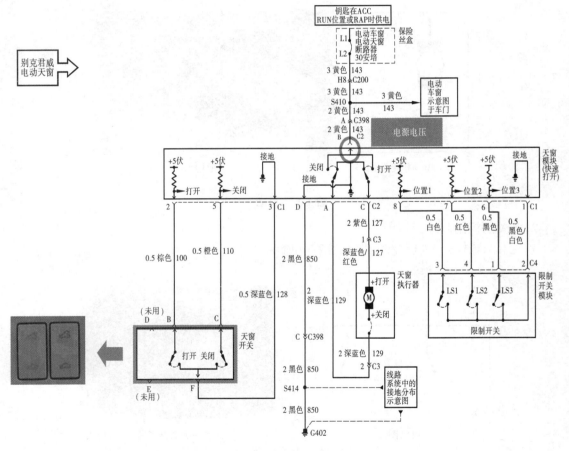

图 7-32　电动天窗系统的控制电路

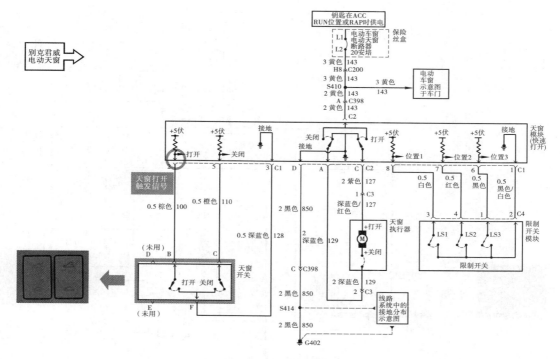

图 7-33　别克君威车窗电路图

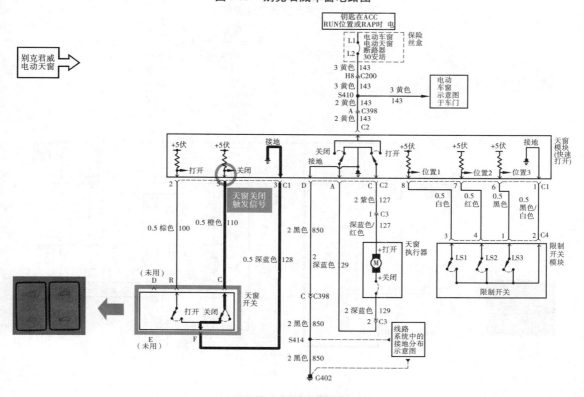

图 7-34　别克君威天窗电路图 1

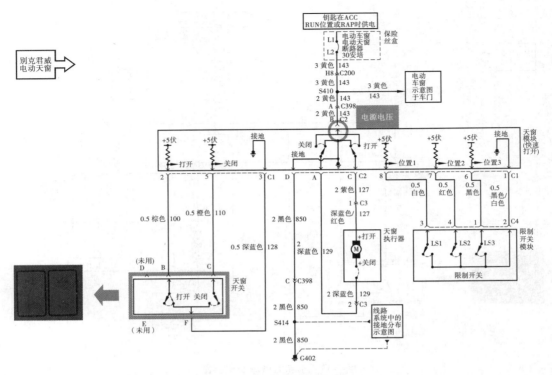

图 7-35　别克君威天窗电路图 2

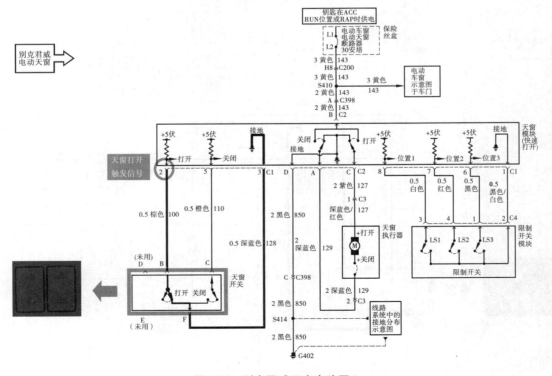

图 7-36　别克君威天窗电路图 3

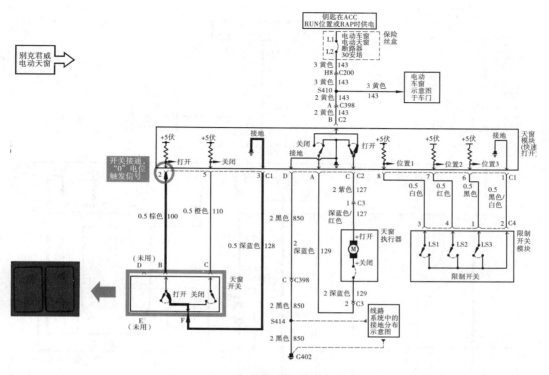

图 7-37　别克君威天窗电路图 4

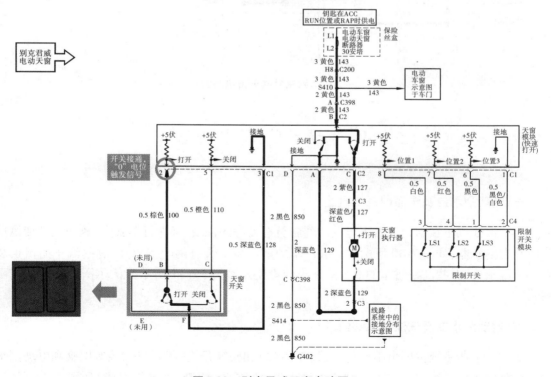

图 7-38　别克君威天窗电路图 5

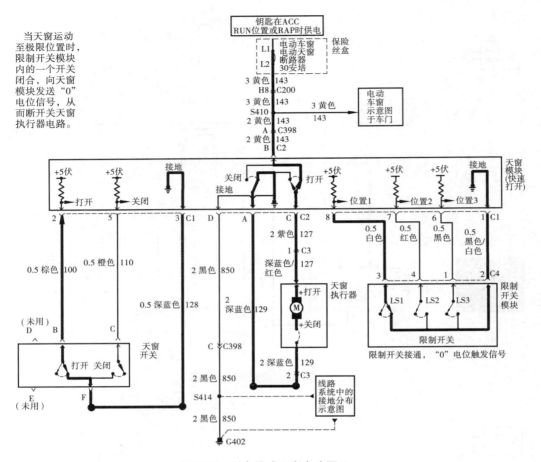

图 7-39　别克君威天窗电路图 6

任务 4　电动雨刮器与洗涤器认知

一、电动刮水器及洗涤器系统概述

为了保证汽车在雨天或雪天行驶时驾驶员有良好的视线,确保行车安全,故在汽车挡风玻璃前装有刮水器,如图 7-40 所示。一般汽车的前风窗上装有两个刮水片,有些汽车后窗也装有一个刮水片,有些高级轿车的前大灯上也装有刮水片,图 7-41 所示为沃尔沃轿车的大灯雨刮器。

二、电动刮水器及洗涤器系统组成

电动刮水器系统主要由雨量传感器(图 7-42)和操纵开关(图 7-43)、控制电脑和电动刮水器执行装置 3 部分组成。洗涤器则是由储液箱、洗涤泵、软管、喷嘴等组成,如图 7-44 所示。洗涤器喷嘴位置如图 7-45 所示。

图 7-40　前挡风玻璃刮水器　　　　图 7-41　大灯雨刮器

图 7-42　雨量传感器

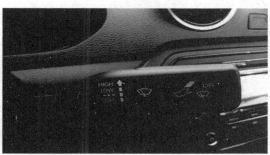

图 7-43　刮水器操纵开关

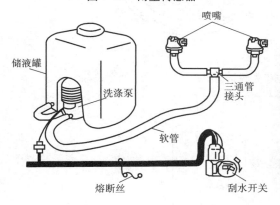

图 7-44　洗涤器组成

图 7-45　洗涤器喷嘴位置

三、电动刮水器及洗涤器系统工作原理

1. 操纵开关

操纵开关总成通过多个联动开关产生 3 路信号分别输入控制单元,从而控制刮水器实现低速、高速、间歇、除雾、停机复位等功能。别克君威操纵开关结构原理如图 7-46 所示。

2. 电动刮水器执行装置——电动机

雨刮电动机内部结构如图 7-47 所示,电动雨刮电机符号如图 7-48 所示。

3. 电动刮水器系统的工作原理

如今的雨刮电机绝大部分是三刷式的,即 3 个电刷按一定角度分别安装。主电刷与电源

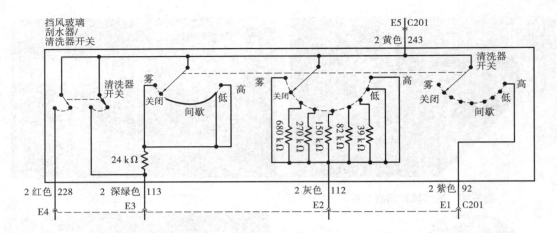

图 7-46　别克君威操纵开关结构原理图

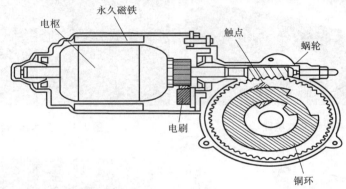

图 7-47　雨刮电机内部结构图

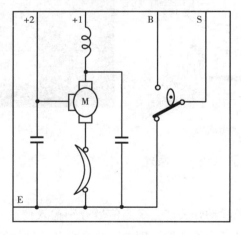

图 7-48　电动雨刮电机符号

相连,对应(180°)的便是低速电刷,与其相差120°左右的是高速电刷。电机运转时,线圈会产生反电动势,随着转速增加反电动势也在增加,当电枢电流产生的电磁力矩与运转阻力矩均衡时,电枢的转速不再上升而趋于稳固。电枢绕组反向电动势与转速和正、负电刷之间串联的电枢线圈个数的乘积成正比。

　　低速挡时,如图 7-49 所示,图上的 N、S 代表永磁体的两个极,箭头代表反电动势方向。绕组 1、2、3、4 为一路,绕组 5、6、7、8 为一路,每条支路 4 个绕组,外加电压需均衡各自 4 个绕组所产生的反电动势,因此电机低速运转。

　　高速挡时,如图 7-50 所示,绕组 1、2、3、4、8 在统一支路中,此中绕组 8 与绕组 1、2、3、4 的反向电动势方向相反,相互抵消后,每条支路变为 3 个绕组。由于电机内部的磁场方向和电枢的旋转方向没有什么变化,各部绕组内反电动势的方向与低速时相同,但外加电压只需平衡 3 个绕组所产生的反电动势,因此电机转速增大。

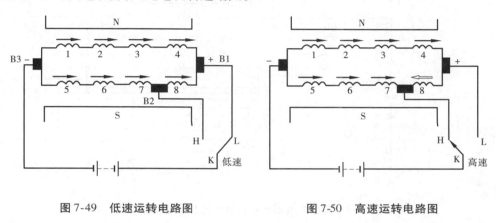

图 7-49　低速运转电路图　　　　　　　图 7-50　高速运转电路图

　　智能雨刮会装有控制电脑,并根据操纵开关和雨量传感器输入信号,自动识别雨量大小并开启雨刮电机刮水。电动智能雨刮器系统控制原理如图 7-51 所示。

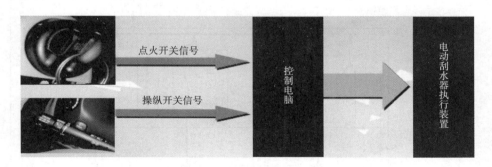

图 7-51　电动刮水器系统工作原理图

四、电动刮水器及洗涤器系统控制电路

1. 电动刮水器和清洗器系统控制电路

别克君威刮水器和清洗器系统控制电路图如图 7-52 所示。

低速工作电流流向如图 7-53 所示。

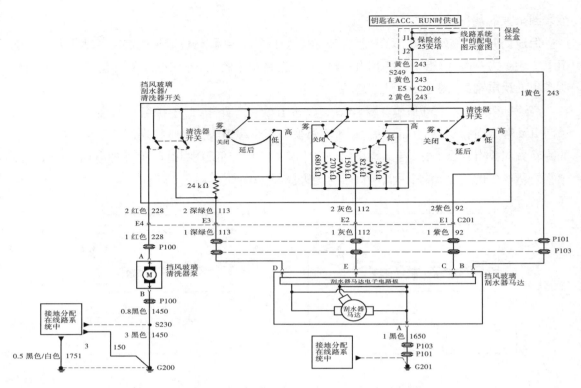

图 7-52　别克君威刮水器和清洗器系统控制电路图

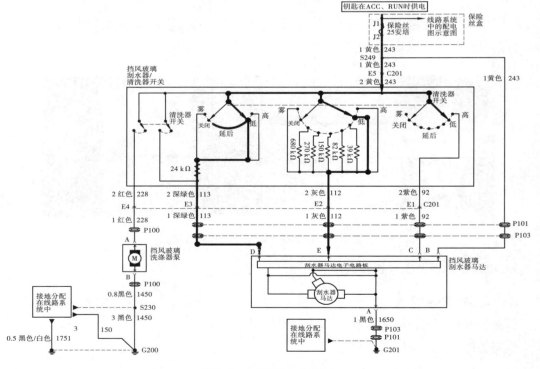

图 7-53　低速刮水电路图

雨刮器高速工作时电流流向如图 7-54 所示。

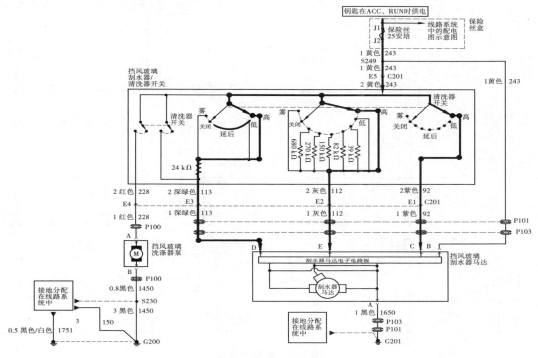

图 7-54　高速刮水电路图

雨刮器间歇工作时电流流向如图 7-55 所示。

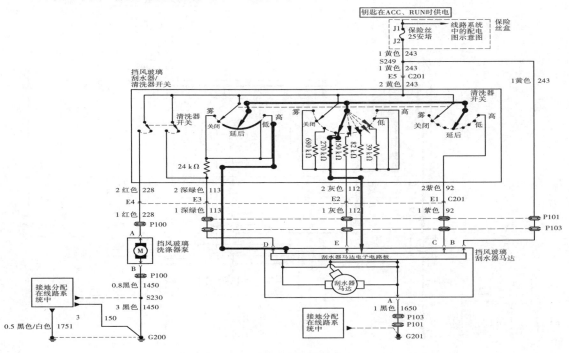

图 7-55　间歇刮水电路图

雨刮器除雾挡工作时电流流向如图 7-56 所示。

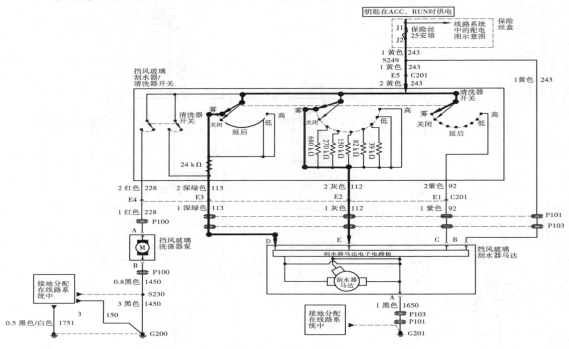

图 7-56　除雾电路图

雨刮器清洗喷水挡工作时电流流向如图 7-57 所示。

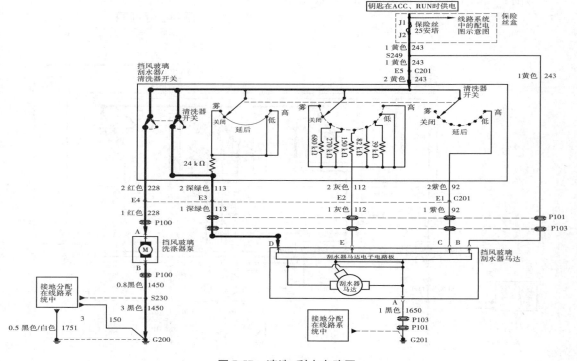

图 7-57　清洗、刮水电路图

2. 低速刮水电路分析

大众桑塔纳 3000 雨刮电路、低速刮水电路分析如图 7-58 所示。

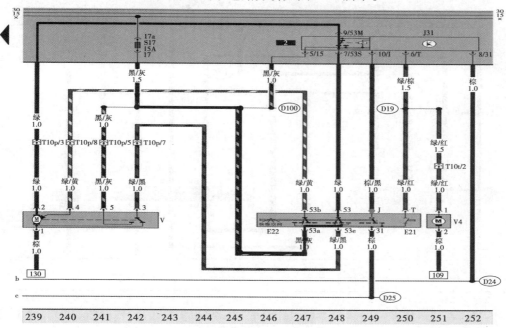

图 7-58　低速刮水电路图

大众桑塔纳 3000 雨刮电路高速刮水电路分析如图 7-59 所示。

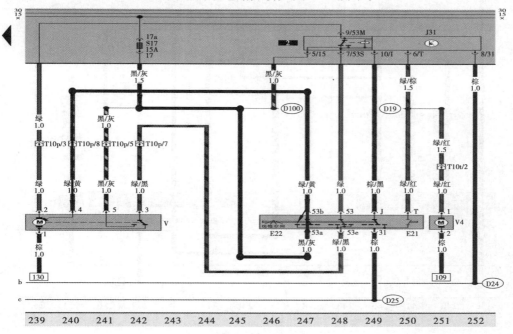

图 7-59　高速刮水电路图

大众桑塔纳 3000 雨刮电路高速刮水电路分析如图 7-60—图 7-62 所示。

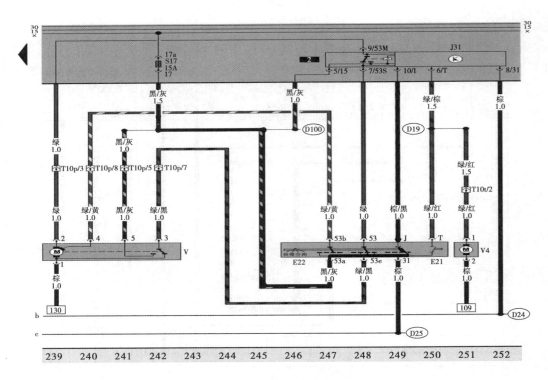

图 7-60　间歇刮水电路图 1

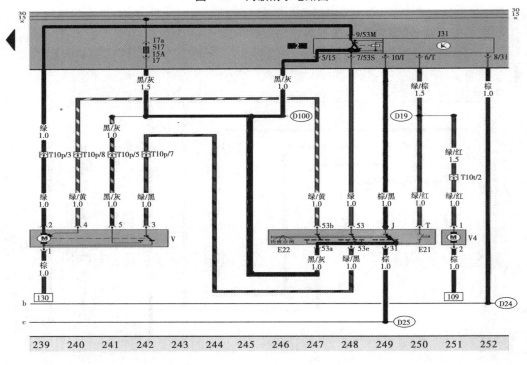

图 7-61　间歇刮水电路图 2

大众桑塔纳 3000 雨刮电路停机复位电路分析如图 7-63 所示。

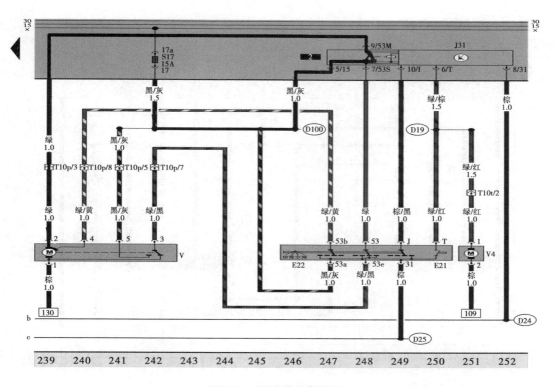

图 7-62　间歇刮水电路图 3

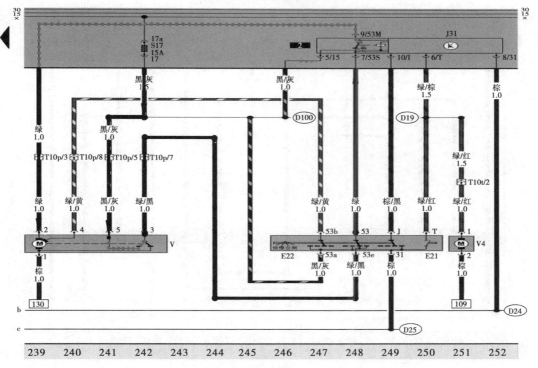

图 7-63　停机复位电路图

137

大众桑塔纳3000雨刮电路、清洗刮水电路分析如图7-64—图7-66所示。

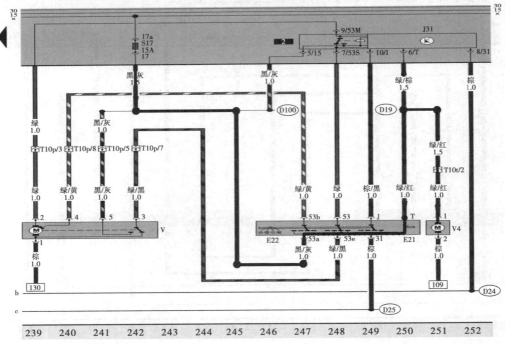

图7-64　清洗、刮水电路图1

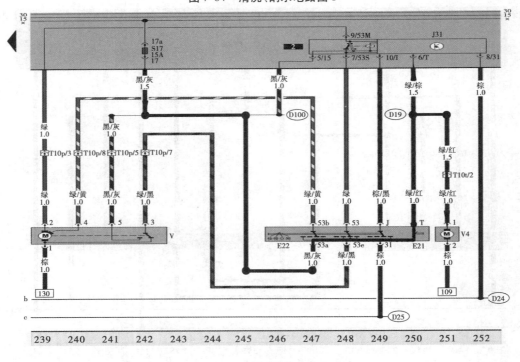

图7-65　清洗、刮水电路图2

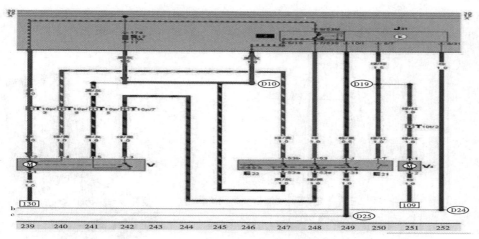

图 7-66　清洗、刮水电路图 3

五、故障诊断

故障现象:接通点火开关后,刮水器开关置于各挡位,刮水器均不工作。

主要原因:熔断器断路;刮水电动机或开关有故障;机械传动部分锈蚀或与电动机脱开。

诊断与排除:可参照下列步骤进行诊断检查并视情况维修。首先检查熔断器,应无断路,线路应无松脱。然后检查刮水器电动机及开关的电源线和搭铁线,应接触良好,没断路,再检查开关各个接线柱在相应挡位能否正常接通,最后检查电动机和机械连接情况。

故障现象:接通点火开关后,刮水器个别挡位(低速、高速或间歇挡)不工作。

主要原因:刮水器电动开关由故障,间歇继电器有故障,连接线路断路或插接件松脱。

诊断与排除:如果刮水器是高速挡或低速挡不工作,可参照下列步骤进行诊断检查并视情况维修。首先检查刮水器电动机及开关对应故障挡位的线路是否正常,检查开关接线柱在相应挡位能否正常接通,最后检查电动机是否存在个别电刷接触不良的情况。

故障现象:刮水器开关断开或间歇挡工作时,刮水器不能自动停止在设定的位置。

主要原因:刮水电动机自动停位机构损坏,刮水器开关损坏,刮水臂调整不当,线路连接错误。

诊断与排除:可参照下列步骤进行诊断检查并视情况维修,首先检查刮水臂的安装及刮水器开关线路连接正确与否,再检查电动机自动复位停机机构。

雨刮器的使
用及拆装

雨刮器的拆装

任务 5　电动座椅认知

一、电动座椅系统的概述

①作用:座椅可调节,为驾驶者提供便于操作舒适而又安全的驾驶位置。可调节方向如图

7-67 所示。

②电动座椅由座垫、靠背、头枕、腰垫等组成,内部结构如图 7-68 所示。

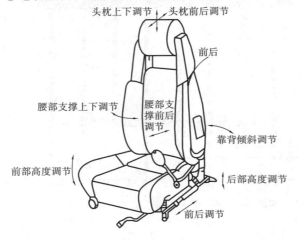

<table>
</table>

图 7-67　电动座椅功能图　　　　图 7-68　电动座椅内部结构

③电动座椅分类。

a. 按调节方式的不同分为手动调节式和动力调节式。

b. 按动力源的不同分为真空式、液压式和电动式。

c. 按座椅电机的数目和调节方向数目的不同分为两向、四向、六向、八向和多向可调等。

④电动座椅前后方向的调节量一般为 100 ~ 160 mm,上下方向的调节量为 30 ~ 50 mm。

二、电动座椅系统的结构组成

电动座椅系统由控制开关(图 7-69)、电动机、传动调节机构等组成。

1. 电动座椅控制开关

电动座椅控制开关包括前倾开关、后倾开关和四向开关(即上下和前后),开关调整方向如图 7-70 所示。

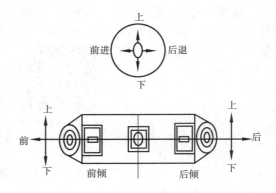

图 7-69　电动座椅控制开关　　　　图 7-70　开关调整方向图

2. 电动机

电动机的作用是为电动座椅的调节机构提供动力,多采用永磁式直流双向电动机(内装有断路器)。通过控制开关来改变流经电机内部的电流方向,从而实现转动方向的改变,即电枢的旋转方向随电流的方向改变而改变,使电动机按不同的电流方向进行正转或反转,以达到座椅调节的目的。电动机的数量取决于电动座椅的类型,通常六向调节的电动座椅装有 3 个电动机。为防止电动机过载,电动机内装有熔断丝,以确保电器设备的安全。电动机在座椅中的位置如图 7-71 所示。

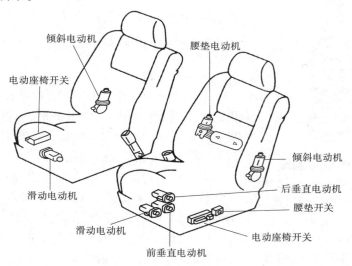

图 7-71　电动座椅结构

3. 传动调节机构

　　传动调节机构主要包括变速器、联轴节、软轴及齿轮传动机构等。变速器的作用是降速增扭。电动机分别与不同的软轴相连,软轴再与变速器的输入轴相连,动力经过变速器降速增扭后,从变速器的输出轴输出,变速器的输出轴与蜗杆轴或齿轮轴相连,最终蜗轮蜗杆或齿轮、齿条带动座椅支架产生位移。座椅前后纵向移动靠纵向调整机构实现,纵向调整机构如图 7-72

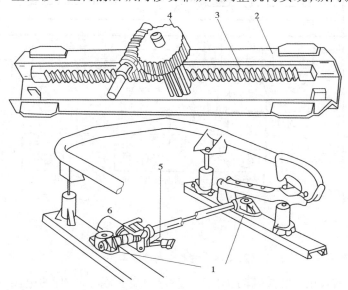

图 7-72　纵向调整机构图
1—支撑及导向元件;2—导轨;3—齿条;4—蜗轮;5—反馈信号电位计;6—调整电动机

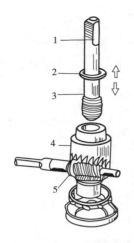

图 7-73　高度调整机构图

1—铣平面；2—止推垫片；3—心轴；
4—蜗轮；5—挠性驱动蜗杆轴

所示。座椅的高度调整靠高度调整机构实现,高度调整机构如图 7-73 所示。

控制装置接受驾驶员或乘员输入的命令,控制执行机构完成电动座椅的调整。电动座椅组合开关包括前倾开关、后倾开关和四向开关(即上、下和前、后)。

三、电动座椅系统工作原理

1. 控制电路

电动座椅控制电路如图 7-74 所示,该电动座椅包括滑动电机、前垂直电机、倾斜电机、后垂直电机和腰椎电机,可以实现座的前后移动、前部高度调节、靠背倾斜程度调节、后部高度调节及腰椎前后调节。

以座椅靠背的倾斜调节为例,当电动座椅的开关处于倾斜位置时,如果要调整靠背向前倾斜,则闭合倾斜电机的前进方向开关,即端子 4 置于左位时,电路为:蓄电池正极→FLALT→FLAM1→DOOR CB→端子 14→(倾斜开关"前")→端子 4→1(2)端子→倾斜电机→2(1)端子→端子 3→端子 13→搭铁。此时,座椅靠背前移。

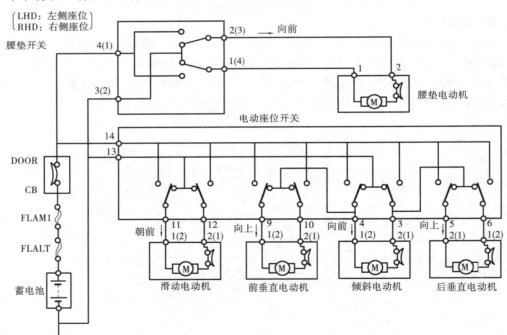

图 7-74　电动座椅控制电路

当端子 3 置于右位时,倾斜电动机反转,座椅靠背后移。此时的电路为:蓄电池正极→FLALT→FLAM1→DOOR CB→端子 14→(倾斜开关"后")→端子 3→2(1)端子→倾斜电机→1(2)端子→端子 4→端子 13→搭铁。此时,座椅靠背后移。

2.座椅加热系统

座椅加热系统的作用是对驾驶员和乘客的座椅进行加热,使乘坐更加舒适。

座椅加热系统可分为加热速度可调和加热速度不可调两种。

（1）加热速度不可调式

如图 7-75 所示为北京现代索纳塔轿车电动座椅加热电路图。

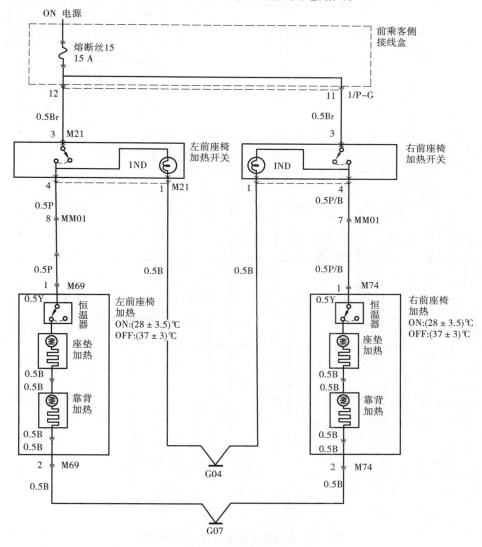

图 7-75　北京现代索纳塔轿车电动座椅加热电路图

当只需对驾驶员座椅进行加热,只闭合左前座椅加热开关。电路为:电源→端子 12→端子 M21→加热开关→端子 4→恒温器开关→座椅加热丝→靠背加热丝→搭铁。此时,只对驾驶员的座椅进行加热。同时驾驶员座椅加热指示灯点亮。

当需要对两个座椅同时加热时,则两座椅的加热开关同时闭合,此时,两座椅的座椅加热丝和靠背加热丝串联以后再并联,两指示灯同时点亮。

（2）加热速度可调节座椅加热系统

如图 7-76 所示为本田雅阁轿车座椅加热电路图。

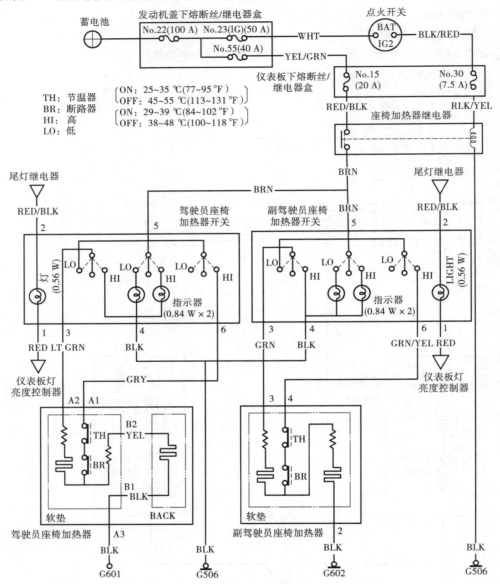

图 7-76　本田雅阁轿车座椅加热电路图

此座椅加热器的加热速度可以调节。其中 HI 表示高位加热，LO 表示低位加热。加热系统可以单独对驾驶员侧或副驾驶员侧的座椅进行加热。以驾驶员侧的座椅加热器为例，其工作过程如下：

当加热开关断开时，加热系统不工作。

当加热器开关处于"HI"位置时，电流首先经过点火开关给座椅加热器的继电器线圈通电，线圈产生磁场使继电器开关闭合。此时，加热器的电路为：

蓄电池" ＋ "→熔断丝→继电器开关→加热器开关端子 5，然后电流分为 3 个支路：一路经指示灯→继电器端子4→搭铁,指示灯亮;另一路经加热器开关端子6→加热器端子 A1→节温器→断路器→靠背线圈→搭铁;再一路经加热器开关端子6→加热器端子 A1→节温器→断路器→坐垫线圈→加热器端子 A2→加热器开关端子3→加热器开关端子4→搭铁。此时,靠背线圈和坐垫线圈关联加热,加热速度快。

当加热器开关处于"LO"位置时,电流流向为:蓄电池"+"→熔断丝→继电器开关端子5,然后分为两个支路:一路经指示灯→加热器端子4→搭铁,低位指示灯亮;另一路经加热器开关端子3→加热器端子 A2→加热器坐垫线圈→加热器靠背线圈→搭铁。此时,靠背线圈和坐垫线圈串联加热,电路中的电流较小,因此加热速度较慢。

四、汽车自动座椅

自动座椅是带存储功能的电动座椅,它是人体工程与电子技术相结合的产物,它能自动适应不同体型的乘员乘坐舒适性的要求。自动座椅的调整装置除能改变座椅的前后、高低、靠背倾斜及头枕等的位置外,还能存储座椅位置的若干个数据(或信息),只要乘员一按按钮,就能自动调出座椅的各个位置。

(1)自动座椅的基本组成

自动座椅的基本结构及驱动方式与普通电动座椅相似,不同之处是附加了一套电子控制系统。电子控制系统有两套控制装置,一套是手动,它包括电动座椅开关、腰垫开关、腰垫电机以及一组座椅位置调整电机等,使用者根据需要,通过相应的座椅开关和腰垫开关来调整,此套控制方式与普通电动座椅完全相同;另一套是自动的,它包括一组位置传感器、储存和复位开关、ECU 以及与手动系统共用的一组座椅位置调整电机。电动座椅的控制原理图如图7-77所示。采用微机控制,能将选定的座椅调节位置进行存储,使用时只需按指定按键开关,即能自动地调节到预先选定的位置。微机控制装置通过4个电位计来控制座椅的调定位置。

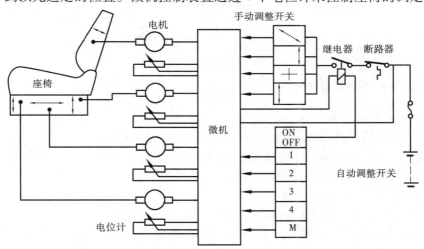

图 7-77 电动座椅的控制原理图

(2)自动座椅的控制电路

自动座椅的控制电路如图 7-78 所示,其动作方式有座椅前后滑动调节、座椅前部的上下调节、座椅后部的上下调节、靠背的倾斜调节、头枕的上下调节及腰垫的前后调节等。其中腰垫的前后调节是通过腰垫开关和腰垫马达直接控制的,并无存储功能。驾驶员通过操纵电动座椅开关可以控制其余的5种调整。当座椅位置调好后,按下储存和复位开关,电控装置就把各位置传感器的信号储存起来,以备下次恢复座椅位置时再用。当下次使用时,只要一按位置储存和复位开关,座位 ECU 便驱动座椅电机,将座椅调整到原来位置。

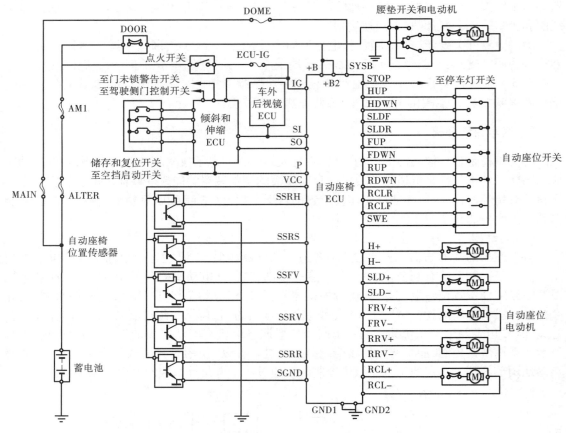

图 7-78　自动座椅控制电路图

五、电动座椅故障诊断与检测

（1）电动座椅完全不动作

故障原因:继电器故障、熔断器断路、线路断路、座椅开关有故障等。

诊断与排除:可以首先检查座椅继电器、熔断器是否正常,若继电器、熔断器良好,则应检查线路连接是否正常,最后检查开关。

（2）电动座椅某个方向不能工作

故障原因:该方向对应的电动机损坏,开关、连接导线短路。

诊断与排除:可以先检查线路是否正常（直接检测电动机通电情况）,再检查开关有无电压和电动机有无电压。

汽车电动座
椅系统演示

任务 6　学习中控锁系统电路及检修

一、中控门锁、防盗系统的概述

为了提高使用的便利性和安全性,现代汽车一般配备了中央控制门锁系统,简称中控门锁。中央控制门锁可实现以下功能:

①驾驶员可以在锁住或打开自己车门的同时,锁住或打开其他车门(其开门或锁门的方式包括用钥匙方式和门锁开关方式)。

②在车室内个别车门需打开时,可分别拉开各自的锁扣。

③配合防盗系统,实现防盗。

二、中控门锁、防盗系统的组成

1. 中控门锁的组成

中控门锁系统一般由门锁控制开关、钥匙控制开关、门锁总成、行李箱门开启器及门锁控制器组成。

(1)门锁控制开关

门锁控制开关装在驾驶员前门内侧的扶手上,通过门锁控制开关可以同时锁上和打开所有的车门。驾驶员或乘客也可通过操作各自车门的门锁按钮或门锁拉手,独立控制每个车门。门锁按钮如图 7-79 所示,门锁拉手如图 7-80 所示。

图 7-79　门锁按钮　　　　　　　　图 7-80　门锁拉手

(2)门锁总成

门锁总成主要由门锁传动机构、门锁位置开关和门锁壳体等组成,具体如图 7-81 所示。

(3)钥匙操纵开关

钥匙操纵开关装在前门的钥匙门上,当从外面用钥匙开门或关门时,钥匙操纵开关便发出开门或锁门的信号给门锁控制 ECU 或门锁控制继电器。

(4)行李厢门开启器开关

行李厢门开启器开关一般位于仪表板下面或驾驶员座椅左侧车厢底板上,拉动此开关便

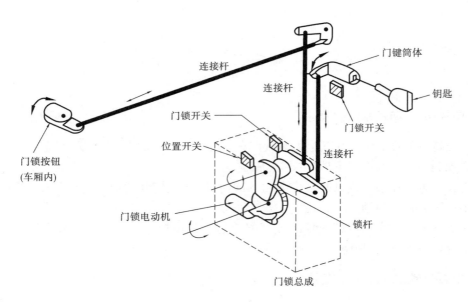

连接杆

连接杆

门键筒体

钥匙

门锁开关

门锁开关

位置开关

连接杆

门锁按钮
(车厢内)

门锁电动机

锁杆

门锁总成

图 7-81　中控门锁结构图

能打开行李厢门。

（5）行李厢门开启器

行李厢门开启器装在行李厢门上,由轭铁、插棒式铁芯、电磁线圈和支架组成。当电磁线圈通电时,插棒式铁芯将轴拉入并打开行李厢门。

（6）门控开关

门控开关用来检测车门的开闭情况。车门打开时,门控开关接通;车门关闭时,门控开关断开。

（7）执行元件

执行元件一般为电动机或电磁铁。电磁铁式工作噪声大,且频繁地开关振动,易使其在车门内部支架上变松,从而因为同金属门的连接断开而不能工作。为降低噪声,提高可靠性,现代轿车一般采用电动机。

2.防盗系统的组成

防盗系统主要由防盗控制单元、报警喇叭、安全指示灯、车门接触开关、门锁开关等组成,如图 7-82 所示。

三、中控门锁、防盗系统的工作原理

1.中控门锁基本控制电路

门锁执行机构的形式有电磁线圈和直流电动机两种形式。不论采用何种形式,都是通过改变流经电流方向以转换其运动方向,从而完成上锁或开锁的动作。图 7-83 所示为双线圈式门锁执行机构的工作原理。

该门锁开关控制电路负极,故控制电路为负触发方式,且左、右门锁开关为并联关系。开锁时,开锁开关闭合接通负极,则线圈 L_2 开始通电,产生电磁力吸合对应的开关 K_2 闭合,开锁线圈通电,车门开锁。电流流向:蓄电池正极→保险丝→继电器→K_2→开锁线圈→负极。

闭锁时,闭锁开关闭合接通负极,则线圈 L_1 开始通电,产生电磁力吸合对应的开关 K_1 闭

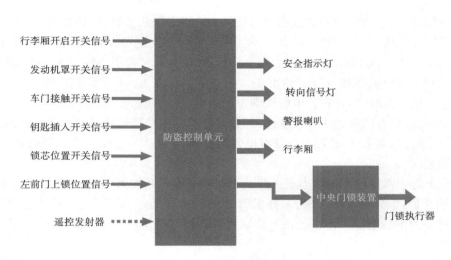

图 7-82　防盗系统的组成

合,闭锁线圈通电,车门闭锁。电流流向:蓄电池正极→保险丝→继电器→K_1→闭锁线圈→负极。

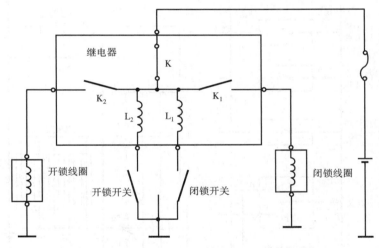

图 7-83　双线圈式门锁执行机构的工作原理

2. 中控门锁自动控制

中控门锁自动控制是指除门锁开关外,还可以受控于车速控制,也就是当车速达到某一规定值时,自动门锁系统将自动锁死车门,即使按动开关开门,门锁也打不开。当车速降低至某一规定值时,自动闭锁系统将自动解除控制,此时按下开锁开关,门锁便可打开。自动门锁系统控制电路如图 7-84 所示,主要由门锁电磁阀、门锁开关、自动门锁控制器及车速信号传感器等组成,电路工作原理如下所述。

①开启门锁,当手动门锁开关或钥匙门锁开关位于开锁状态时,门锁控制器 1 号或 7 号端子经手动或钥匙门锁开关搭铁,将门锁开启负触发信号送给门锁控制器,内部继电器工作,门锁执行电磁线圈电路为蓄电池正极→断电保护器→门锁 ECU 的 6 号端子→触点 K_3→门锁 ECU 的 2 号端子→门锁执行电磁线圈→门锁 ECU 的 5 号端子→触点 K_2→门锁 ECU 的 10 号端子→搭铁→蓄电池负极。此时,门锁执行电磁线圈反向通电,活动铁芯运动,车门开锁。

②闭锁门锁,当手动门锁开关或钥匙门锁开关位于开锁状态时,门锁控制器3号端子经手动或钥匙门锁开关搭铁,将门锁闭锁负触发信号送给门锁控制器,内部继电器工作,门锁执行电磁线圈电路为蓄电池正极→断电保护器→门锁 ECU 的 6 号端子→触点 K_1→门锁 ECU 的 5 号端子→门锁执行电磁线圈→门锁 ECU 的 2 号端子→触点 K_4→门锁 ECU 的 10 号端子→搭铁→蓄电池负极。此时,门锁执行电磁线圈正向通电,活动铁芯运动,车门闭锁。

③自动闭锁,只有门锁处于开锁状态,门锁控制器的 9 号端子检测到速度传感器的车速信号升至规定值时,门锁 ECU 通过对内部继电器的控制,使触点 K_1、K_4 闭合,门锁执行电磁线圈电路同闭锁相同。

钥匙限定防止系统的作用是当点火开关钥匙未从点火开关上拔下,打开驾驶员侧车门,用手动或门锁钥匙闭锁车门时,钥匙未锁报警开关的信号通过端子 4 输入门锁控制器,门锁 ECU 则强制使内部继电器工作在门锁开启状态,即触点 K_2、K_3 闭合,门锁执行电子线圈电路同开锁相同。

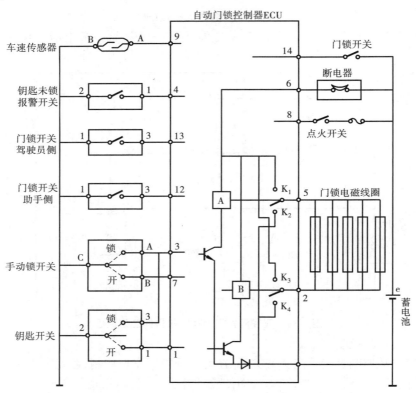

图 7-84 自动门锁系统控制电路

3. 中控门锁遥控控制

轿车遥控门锁系统电路主要由遥控门锁主开关、遥控发射器、遥控门锁 ECU、玻璃印制天线(除霜电热丝)、防盗和门锁 ECU、门控灯开关,钥匙未锁警告开关、门锁电动机和位置开关等组成,如图 7-85 所示。电路工作原理如下所述。

当遥控门锁主开关接通时,蓄电池电压加到遥控门锁 ECU 的 +B 端子上,由遥控门锁 ECU 的 E 端子搭铁,遥控门锁 ECU 具备工作条件。

①遥控天线电路操纵点火钥匙上的发射器时,电磁波由后窗玻璃上的印制天线接收,通过匹配器将其送至遥控门锁 ECU 的 ANT 端子,遥控门锁 ECU 即可控制车门锁的开启或闭锁。

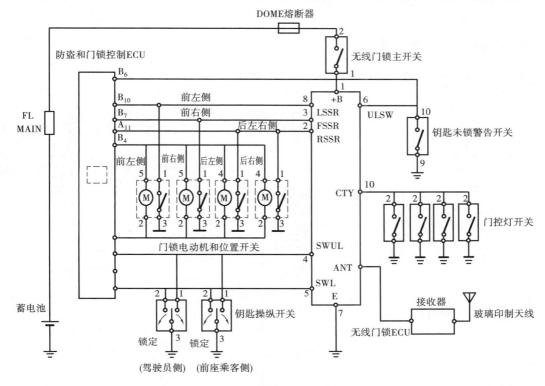

图 7-85 遥控门锁系统电路

②车门位置开关电路。车门位置开关设在门锁电动机总成内,当车门锁按钮处于锁住位置时,开关断开;当车门锁按钮处于打开位置时,开关接通。遥控门锁 ECU 的 LSSR、FSSR、RSSR 端子分别为左前门、右前门和两后门的车门位置开关端子。当4个车门的任一车门锁按钮处于锁住位置时,相对应的 ECU 端子的电压为蓄电池电压 12 V;相反,当车门锁按钮处于打开位置时,端子的电压为搭铁电压 0 V。

③钥匙操纵开关电路。钥匙操纵开关设在车门锁芯内,当车门钥匙转至锁住侧时,开关的锁住端子(SWL)搭铁,当车门钥匙转至打开侧时,开关的打开端子(SWUL)搭铁。当点火开关接通时,蓄电池电压通过防盗 ECU 加到遥控门锁 ECU 的锁住端子 SWL 和打开端子 SWUL 上,即锁住端子 SWL 和打开端子 SWUL 的电压为 12 V。当钥匙操纵开关锁住端子搭铁时,遥控门锁 ECU 的锁住端子 SWL 的电压为 0 V;当钥匙操纵开关打开端子搭铁时,遥控门锁 ECU 的打开端子 SWUL 的电压为 0 V。

当遥控门锁 ECU 的 ANT 端子接到点火钥匙发送器发出的遥控电波信号时,根据 SWL 端子和 SWUL 端子电压信号,输出打开或锁住所有车门的信号,该信号通过两个 ECU 之间的通信线路 B7-FSSR、B10-LSSR、A11-RSSR 给防盗 ECU,防盗 ECU 即控制门锁锁住或打开。

④钥匙未锁警告开关电路。当钥匙插入点火开关锁芯时,钥匙未锁警告开关接通,遥控门锁 ECU 的 ULSW 端子电压为 0 V,ECU 执行钥匙禁闭预防功能;钥匙未插入时,开关断开,ULSW 端子的电压为蓄电池电压 12 V,钥匙禁闭预防功能解除。

⑤门控灯开关电路门控灯开关在车门打开时接通,车门关闭时关断,当任一车门打开时,遥控门锁 ECU 的 CTY 端子电压为 0 V;当所有车门均关闭时,CTY 端子电压为蓄电池电压 12 V。

四、中控门锁的控制电路

别克君威的中控门锁电路如图 7-86、图 7-87 所示。

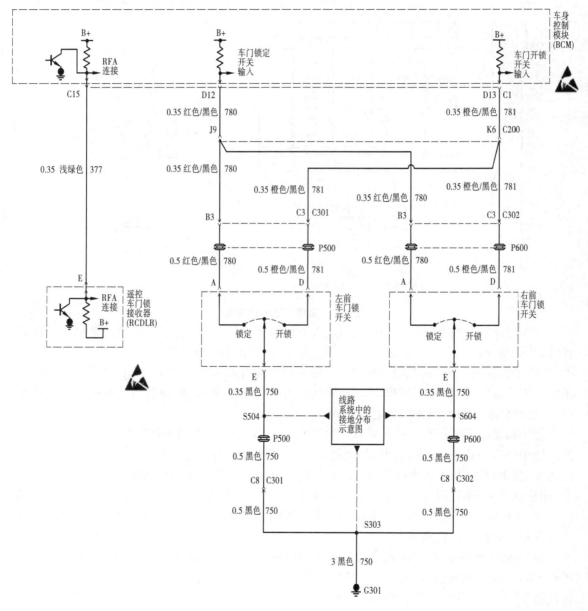

图 7-86 别克君威中控门锁电路

别克凯越中控与防盗电路如图 7-88—图 7-90 所示。

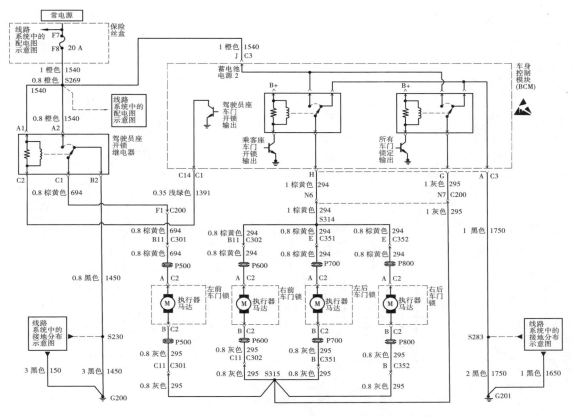

图 7-87　别克君威中控门锁电路

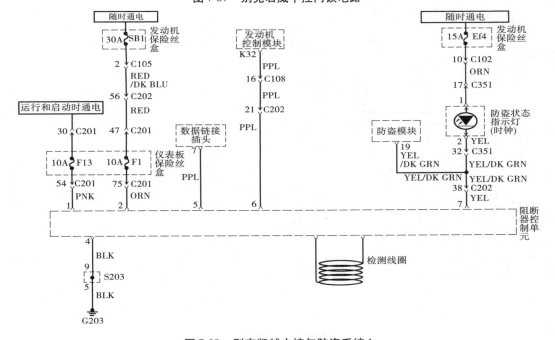

图 7-88　别克凯越中控与防盗系统 1

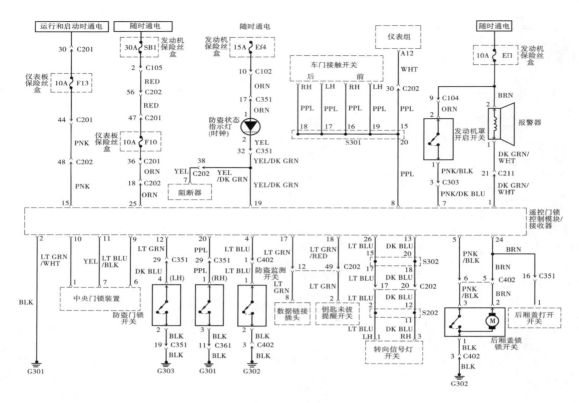

图 7-89 别克凯越中控与防盗系统 2

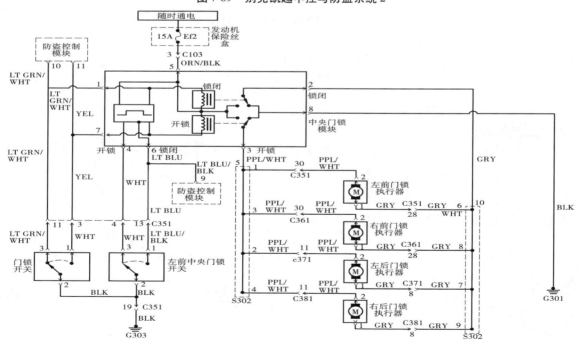

图 7-90 别克凯越中控与防盗系统 3

五、汽车中控门锁的检修

各个车型的中控门锁电路区别较大,因此在检修时要结合具体的维修手册进行。但检修的方法和检修的部位基本相似。如图 7-91 所示为丰田威驰轿车的中控门锁系统电路图。

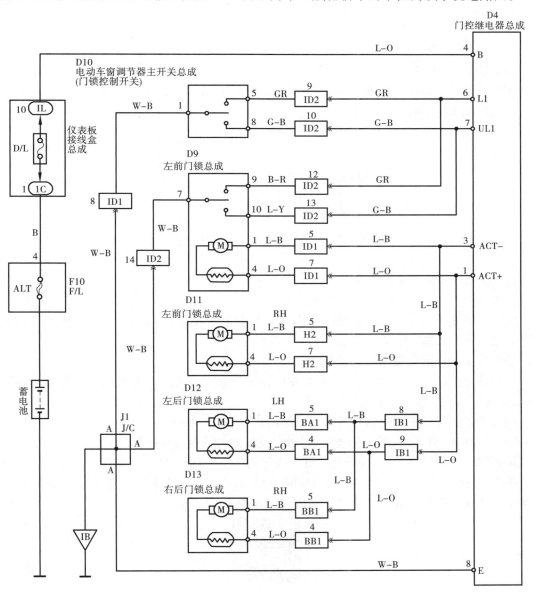

图 7-91　丰田威驰轿车中控门锁电路

中控门锁的检修过程如下所述。

(1)门锁控制开关的检查

拆下主开关,结合表 7-1 检查门锁控制开关的导通性。

门锁开关端子检查:

表 7-1　门锁开关端子状态表

端子号	开关位置	标准状态
1—5	LOCK	导通
—	OFF	不导通
1—8	UNLOCK	导通

（2）左前门门锁总成

用蓄电池的正负极直接连接端子 4 和端子 1，检查门锁电动机的工作情况。

左前门锁端子的检查（表 7-2）：

表 7-2　左前门锁端子状态表

测量条件	标准状态
蓄电池" + "—端子 4 蓄电池" - "—端子 1	上锁
蓄电池" + "—端子 1 蓄电池" - "—端子 4	开锁

（3）遥控门锁及遥控器的检修

检查遥控门锁的工作情况时应注意下述问题。

电动门锁系统的工作正常；所有的车门均关闭，若有任意一个门开着，则其他的车门无法锁上；点火开关钥匙孔里没有钥匙。

遥控器基本功能可按以下方法检查：

当钥匙上的任何开关按 3 次时，检查发射器的发光二极管是否亮 3 次。若发光二极管不能闪烁，说明遥控器缺电，需更换电池。

检查能否用遥控器锁上和打开所有的车门；

按下"LOCK"开关时，检查警告灯应闪烁一次，同时锁上所有的车门；

按下"UNLOCK"开关时，检查警告灯应闪烁两次，同时打开所有的车门；

按下"PANIC"开关时长不少于 1.5 s 时，检查防盗警报器应该鸣叫，警告灯开始闪烁。再次按下"UNLOCK"开关或"PANIC"开关时，声音和闪烁应停止。

汽车门锁的
拆装

参考文献

［1］岳海斌.汽车维护与保养1、2级保养［M］.上海:同济大学出版社,2013.

［2］胡光辉.汽车电气［M］.北京:北京理工大学出版社,2015.

［3］张军.汽车电器与电子技术［M］.哈尔滨:哈尔滨工业大学出版社,2013.

［4］刘文国.汽车电气系统检修［M］.北京:北京理工大学出版社,2019.

［5］王成安.现代汽车电子电器设备［M］.北京:机械工业出版社,2015.

［6］秦航,王秀梅.汽车空调系统故障诊断与维修［M］.上海:同济大学出版社,2014.

［7］郭远辉.汽车车身电气及附属电气设备检修［M］.北京:人民交通出版社,2005.

［8］刘景军,吕翔.汽车电器检测技能实训［M］.北京:人民邮电出版社,2007.

［9］周建平.汽车电气设备构造与维修［M］.北京:人民交通出版社,2004.

［10］董宏国,廖苓平.汽车电路分析［M］.北京:北京理工大学出版社,2005.

［11］王赟松,等.上海帕萨特B5轿车维修图册［M］.北京:人民交通出版社,2002.

［12］吴增伟.汽车电气设备与维修［M］.北京:北京理工大学出版社,2017.